노래와 그림으로 쉽게 쉽게!

어린이 한자 부수

부수를 알면 한자와 중국어가 쉬워집니다!

황미라 편저

부수는 한자의 구구단

马 馬

叉 支 竹

다락원

황미라

- 사단법인 한중문자교류협회 연구소장
- HNK 한국사무국 이사

지난 20여 년간 한자와 중국어 학습의
효과적인 교수–학습 방법을 탐색하며
교육 현장에서 함께 실천하기 위해
온 힘을 다하고 있습니다.

노래와 그림으로 쉽게 쉽게!
어린이 한자 부수

지은이 황미라
펴낸이 정규도
펴낸곳 (주)다락원

초판 1쇄 발행 2019년 1월 15일
초판 5쇄 발행 2024년 7월 30일

디자인 정현석

다락원 경기도 파주시 문발로 211
내용 및 구입문의: (02)736-2031 내선 294
Fax: (02)732-2037
출판등록 1977년 9월 16일 제406-2008-000007호

정가 10,500원

ISBN 978-89-277-7105-0 13720

홈페이지 및 문의처
www.hnktest.com (02)837-9645
www.hskhnk.com

한자 공부의 첫 걸음은 '부수 214자'를 '곱셈의 구구단'처럼 외우는 것

한자는 한 글자 한 글자에 뜻이 담겨 있어요. 바로 그런 이유 때문에 새로운 사물이 생기면 그에 맞는 한자도 새롭게 만들어져요.

실제로 아주 먼 옛날에는 한자가 약 3,000~4,000자, 한나라 시대에는 10,000여자 정도였던 것이 1994년에 중국에서 만들어진 사전에는 무려 85,568자나 실려 있어요. 하지만 비슷한 말이 있는 것처럼 서로 같은 뜻의 글자도 있기 때문에, 그리고 사라지는 글자도 있어서 오늘날 사용되고 있는 한자는 약 1~2만자 가량 됩니다.

그러나 이 숫자도 반드시 배워야 하는 한자를 말하는 것은 아니에요. 실제로 한국과 중국에서 일상적으로 쓰이는 상용한자 2,400자 정도만 알게 되면 대부분 신문, 잡지에 나오는 99%의 한자를 무난히 읽을 수 있으며, 3,800개 정도의 한자를 알게 되면 99.9%의 내용을 확실하게 이해할 수 있습니다.

그래도 많죠? 그걸 다 언제 공부하죠? 걱정하지 말아요. 복잡한 곱셈도 구구단을 외우고 있으면 빠르게 계산할 수 있듯이 이렇게 많은 한자들도 '부수 214자'만 알고 있으면 아주 쉽게 공부할 수 있어요. 왜냐하면 아무리 복잡한 한자라도 부수 한자들이 변신해서 합체되어 있기 때문이에요. 그래서 부수를 알게 되면 모르는 한자라도 뜻과 소리를 금방 알아낼 수 있거든요.

그렇다고 부수를 무작정 외우기만 하면 공부가 재미없잖아요? 그러니 새로운 한자를 만날 때마다 옛 사람들은 어떻게 상상하고 표현했는지도 생각해 보고, 리듬에 맞춰 노래도 불러 보면서 즐겁게 외워 보세요. 이렇게 한자를 공부하면 국어 실력도 늘고, 성적도 올라가고, 한자(중국어)로 쓰인 간판도 읽을 수 있게 되지요.

이 책과 함께 여러분이 한자를 즐겁게 배우고, 중국어에도 흥미를 가질 수 있기를 바랍니다.

사단법인 한중문자교류협회 연구소장

황미라

이런 내용이 들어있어요!

부수는 한자의 구구단 _3

이렇게 공부하세요 _6

부수 한자 익히기

이렇게 공부하세요!

① 준비운동 신나는 부수 한자! 즐겁게 노래 부르기!

각 과정에서 배울 부수를 노래로 먼저 익히면, 어렵게만 생각되는 한자의 뜻과 음, 모양이 낯설지 않게 되어 한자를 쉽게 익힐 수 있습니다.

> 팔과 다리를 벌리고 우뚝 선 성인의 모습을 본뜬 글자. 사람을 크고 귀한 존재로 생각한 데서 '크다'라는 뜻이 되었어요. '위대한', '크고 다 자란', '물건이 크다'는 뜻을 담고 있어요.

夫 사내 부

옛 글자를 보고 한자의
뜻과 모양을 생각해 봅니다.

한자를 보고 부수 한자가
어디에 숨어 있는지 찾아 봅니다.

② 첫 걸음 한자는 그림! 그림과 옛 글자로 한자의 뜻과 모양 이해하기

그림과 옛 글자를 보며 한자의 뜻과 모양을 이해합니다.

③ 두 걸음 읽고 쓰고! 소리 내어 읽으며 한자 쓰기

한자의 뜻과 음을 소리내어 읽고, 한자 모양을 떠올리며 필순에 맞게 쓰다보면 한자 암기가 저절로 됩니다.

❹ 세 걸음 부수는 한자의 퍼즐 조각! 새로운 한자 훑어보고 부수 찾아보기

한자의 뜻을 생각하며 부수 한자가 어디에 쓰였는지를 찾아보고 새로운 한자의 뜻과 음도 익혀 봅니다.

❺ 마무리 운동 노래로 신나게 부수 한자 암기하기

노래를 반복해서 부르며 부수 한자를 외워봅니다.

다음 QR코드를 스캔하면 어린이 한자 부수의 챈트를 들을 수 있습니다.

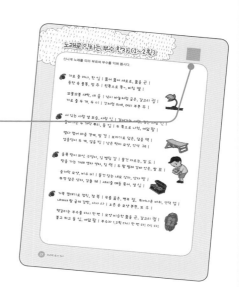

일러두기 (이 책의 특징)

1. 부수 한자의 대표 훈(訓)은 관습적인 명칭보다는 부수의 뜻을 이해하기 쉽도록 한자가 만들어진 근원에 따라 표기하였습니다.
   ※'돼지머리', '갓머리' 등과 같은 관습적인 명칭은 각 단원의 끝에 도움말로 실었습니다.

2. 부수 한자의 변형된 글자, 현대 중국어의 표준 한자인 간체자까지 한번에 익힐 수 있도록 하였습니다.

3. 해당 부수에 속한 한자의 용례는 그 부수의 뜻과 모양을 직관적으로 찾을 수 있는 한자를 선별하여 실었습니다. 용례에 제시된 한자를 익히는 것보다는, 해당 부수를 찾는 것으로 부수 학습을 마무리 하는 데 활용하면 좋습니다.

1~2 획

MP3_01

QR코드를 스캔하여 노래를 따라 불러 봅시다.

한 일

💡 왼쪽에서 오른쪽으로 줄 하나를 그어 '하나'를 나타낸 글자.
셈의 '시작'이나 사물의 '처음', '기준' 등의 뜻을 담고 있어요.

💡 上 위 상

뚫을 곤

💡 위에서 아래로 통하는 모습에서 '뚫다', '꿰다', '위아래로 통하다'
라는 뜻을 나타낸 글자.

💡 中 가운데 중

점 주

💡 등잔 속의 불꽃 '심지'나 '불똥'을 본뜬 글자.
' 丶 (점 주)'는 작은 물건을 표시하거나 무엇인가를 강조하는데 쓰
여요.

💡 主 주인 주

삐침 별

丿

💡 오른 쪽 위에서 왼쪽 아래로 삐친 모양을 본뜬 글자.
* '丿(삐침 별)'과는 반대로 왼쪽 위에서 오른쪽 아래로 삐치어
그은 획을 '乀(파임 불)'이라고 해요.

💡 之 갈 지

새 을

乙 / 乚

💡 새의 가슴처럼 풀과 나무의 새싹이 '굽어서' 올라오는 모양을 본뜬
글자.

💡 乾 하늘 건 乳 젖 유
* '乚'은 '乙(새 을)'이 변신한 글자예요.

갈고리 궐

亅

💡 낚시 바늘처럼 끝이 뾰족하고 꼬부라진 '갈고리' 모양을 본뜬 글자.
* ㅣ(뚫을 곤), 丶(점 주), 丿(삐침 별), 亅(갈고리 궐) 한자는 혼자서
쓸 수 없어요.

💡 事 일 사

두 이

二 二

왼쪽에서 오른쪽으로 두 개의 줄을 그어 '둘'을 표현한 글자. '거듭', '나란함'의 뜻을 담고 있어요.

井 우물 정

머리 부분 두

亠 亠

'亠'는 다른 글자와 결합해서 쓰이는 부수 한자예요. 주로 다른 글자의 윗부분에 쓰이기 때문에 '머리 부분 두'라고 부르기로 약속했지요.

交 사귈 교

사람 인

人人 / 亻 亻

사람이 서 있는 옆모습을 본뜬 모양. 사람의 팔과 다리를 강조한 글자. 사람의 '신분이나 지위', '활동과 행위' 등과 관련되어 쓰여요.

令 명령할 령   仁 어질 인

* '亻(사람인변)'은 주로 다른 글자의 왼쪽에 쓰여요.

걷는 사람 인

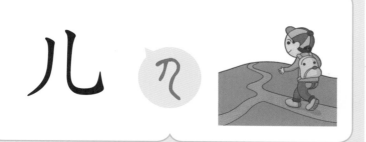

儿 儿

儿	儿	儿
儿	儿	儿

사람의 옆모습을 그린 한자인 '人'을 변형한 글자. '儿(걷는 사람 인)'은 주로 다른 글자의 아랫부분에 쓰이는 특징이 있어요. 사람이 걸을 때 구부러지는 다리 모양을 떠올려 보세요.

兄 맏(형) 형

들 입

入 入

入	入	入
入	入	入

사람이 안으로 들어가는 모양을 본뜬 글자. 안으로 들어가는 모습에서 '들어가다', '들이다'의 뜻이 생겼어요. 하나의 나무줄기에서 나온 뿌리 두 가닥이 땅 속으로 뻗어 들어간 모양을 떠올려 보세요.

內 안 내

여덟 팔

八 八

八	八	八
八	八	八

어떤 물건이 두 쪽으로 나누어진 모양을 본뜬 글자. 나누어진 모습에서 '갈라지다', '나누다'라는 뜻이 생겼어요. 후에 숫자 '여덟'을 나타내는 한자로 빌려서 사용하게 되었어요.

公 공평할 공

멀 경

ㄇㄇ

💡 멀리까지 이어진 길에 선을 그어 나라의 경계를 표시한 글자.
사람이 많이 모여 사는 마을에서 가장 '멀리 떨어진 곳'을 표현했어요.

💡 再 두번 재

덮을 멱

💡 어떤 물건을 보자기 같은 것으로 덮어서 가려 놓은 모양을 본뜬 글자. '덮어 가리는 사물'이나 '덮다'는 뜻과 관련되어 쓰여요.

💡 冠 갓 관

얼음 빙

💡 두 개의 얼음덩어리 모양을 본뜬 글자.
얼음의 성질과 관련하여 '차다', '얼다'의 뜻을 담고 있어요. 물이
얼음이 될 때 위로 부풀어 오른 모습을 떠올려 보세요.

💡 氷 얼음 빙

안석 궤

几 几

几 几 几
几 几 几

💡 사람이 앉아서 기댈 수 있도록 만들어진 방석, 제사 드릴 때 쓰는 탁자 모양을 본뜬 글자. 부수로 활용될 때 특별한 뜻은 없어요. 주로 다른 글자와 결합하여 발음 역할을 해요.

💡 凡 무릇 범

입 벌릴 감

凵 凵

凵 凵 凵
凵 凵 凵

💡 땅을 파서 만든 움집, 큰 동물을 잡기 위해 파놓은 구덩이 모양을 본뜬 글자. 구덩이가 위를 향해 입을 벌리고 있는 모습에서 '입을 벌리다'의 뜻이 생겼어요.

💡 出 날 출

칼 도

刀 刀 / 刂

刀 刀 刀
刂 刂 刂

💡 칼자루, 칼등, 칼날이 있는 칼을 본뜬 글자. '칼로 베는 동작'이나 '칼을 사용하는 활동'과 관련되어 쓰여요. 옛사람들은 칼을 물건을 자르거나, 적을 찌르는 무기로만 사용한 것이 아니라 돌이나 대나무에 약속의 말을 새기는 도구로도 사용했어요.

💡 分 나눌 분 刊 새길 간
* '刂(선칼도방)'은 '刀'의 변신 글자예요.

부수 한자 익히기

힘 력

力 力

力

力	力	力
力	力	力

땅을 팔 때 사용하는 농기구인 '가래'나 '쟁기' 모양을 본뜬 글자. 사람이 밭에 나가 팔에 근육이 생길 만큼 힘껏 일하는 데서 '힘', '힘쓰다'라는 뜻이 생겼어요.

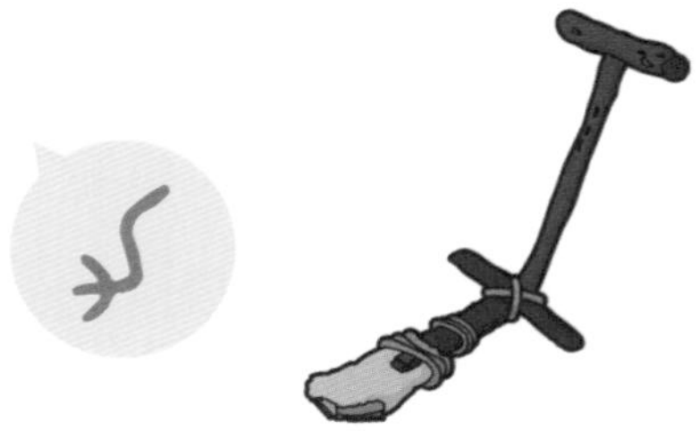

加 더할 가

쌀 포

勹 勹

勹

勹	勹	勹
勹	勹	勹

사람이 몸을 구부려 두 팔로 무엇인가를 감싸고 있는 모습을 본뜬 글자. '감싸다', '안다'의 뜻과 관련되어 쓰여요.

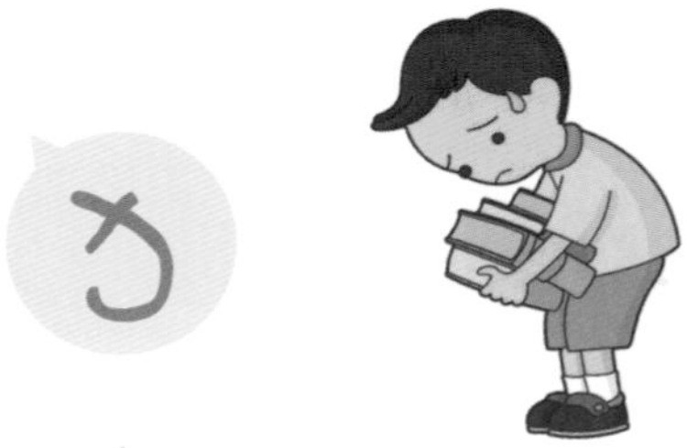

包 쌀 포

비수 비

匕 匕

匕

匕	匕	匕
匕	匕	匕

끝이 뾰족한 숟가락 모양을 본뜬 글자. '刀'를 왼쪽으로 돌려놓은 칼의 모습에서 '비수'의 뜻이, '人'을 반대로 돌려놓은 사람의 모습에서 '바뀌다', '변화하다'의 뜻이 생겼어요.

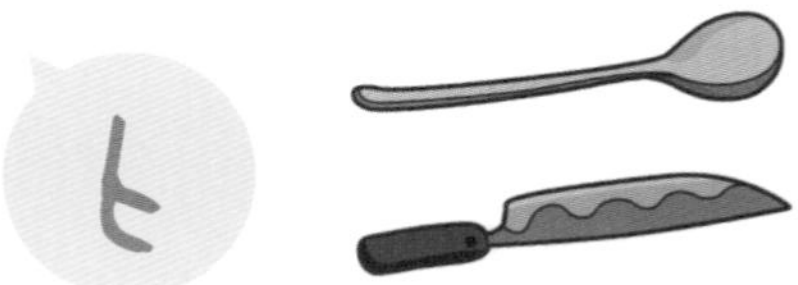

北 북녘 북

상자 방

ㄷ ㄷ

匚

| ㄷ | ㄷ | ㄷ |
| ㄷ | ㄷ | ㄷ |

💡 물건을 넣어둘 수 있는 '네모진 상자'를 그린 글자.
'물건을 담아두는 상자'나 '그릇'과 관련되어 쓰여요.

💡 匠 장인 장

감출 혜

ㄷ ㄷ

| ㄷ | ㄷ | ㄷ |
| ㄷ | ㄷ | ㄷ |

💡 위를 덮어 물건을 감춘 모양에서 '감추다', '숨기다'의 뜻이 생겼어요.
'匚(상자 방)'과 'ㄷ(감출 혜)'는 글자 모양이 비슷하지요. 그래서 두
글자의 뜻은 다르지만, 중국어 한자에서는 구별해서 쓰지 않아요.

💡 區 나눌 구

열 십

十 十

| 十 | 十 | 十 |
| 十 | 十 | 十 |

💡 글자가 없던 시절에 새끼 매듭을 묶어 '열 개'라는 개수를 나타내
던 글자. '十'은 숫자가 다 갖추어진 것을 나타낸 데서 '많은', '여
럿'의 뜻이 생겼어요.

💡 千 일천 천

부수 한자 익히기

점 복

ト ト

💡 거북 껍데기에 홈을 내어 불에 구우면 생기는 갈라진 금 모양을 본 뜬 글자. 이렇게 거북점을 쳤을 때 생긴 무늬에서 '점을 보다', '점치 다'의 뜻이 생겼어요.

💡 占 차지할 점

병부 절

卩 卩 / 㔾 㔾

💡 무릎을 꿇고 앉아 윗사람의 명령을 기다리는 사람의 모습을 본뜬 글자. 후에 임금이 군대를 이동하거나 동원할 때 증표로 삼던 동 글납작한 나무패를 가리키는 '병부'의 뜻으로 쓰이게 되었어요.

💡 却 물리칠 각   危 위태할 위
* '㔾' 은 '卩' 의 변신 글자예요.

언덕 엄

厂 厂

💡 툭 튀어나온 바위 모양을 본뜬 글자.
'굴바위', '깎아지른 절벽', '비바람을 피해 살 수 있는 집' 등의 뜻 과 관련되어 쓰여요.

💡 原 언덕 원

사사 사

ㅿ ㅿ

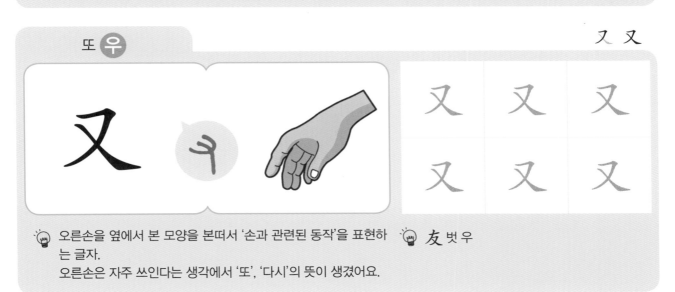

💡 팔꿈치를 구부려 물건을 자기 쪽으로 감싸 안은 모양을 본뜬 글자. 팔이 자기 쪽으로 굽어진 모습에서 '자기만 생각하다'는 뜻이 생겼어요.

💡 去 갈 거

또 우

又 又

💡 오른손을 옆에서 본 모양을 본떠서 '손과 관련된 동작'을 표현하는 글자.
오른손은 자주 쓰인다는 생각에서 '또', '다시'의 뜻이 생겼어요.

💡 友 벗 우

🐞 도움말

머리부분두(亠)	옛 사람들은 '亥(돼지 해)' 한자에 쓰였기 때문에 부수의 뜻과는 상관없이 '亠'를 '돼지머리 해'라고 불렀어요.
걷는사람인(儿)	'儿'은 중국어를 공부할 때 자주 만나게 되는 한자에요. 중국어에서 '儿'은 '아이'의 뜻으로 쓰여요.
멀 경(冂)	'冂'부수에 속한 한자는 모두 글자의 모양이 비슷하여 분류되었을 뿐 한자의 뜻이나 음에 관련은 없어요.
안석 궤(几)	중국어에서 '几'는 '몇 시?', '몇 살?' 할 때 '몇'의 뜻으로 쓰여요.
칼 도(刀)	'刂'는 주로 다른 글자의 오른쪽에 쓰이고 세워 놓은 칼 모양으로 생각해서 '선칼도방'이라고 해요.
비수 비(匕)	'비수'는 칼날이 날카로운 짧은 칼을 말해요.
열 십(十)	'十' 글자를 가만히 살펴보세요. 위와 아래, 왼쪽과 오른쪽이 합쳐진 모습으로 보이기도 하지요. 그래서 동서남북을 다 아우르는 뜻에서 '두루', '널리', '모든'의 뜻을 담고 있어요.
점 복(卜)	아주 오랜 옛날에는 나라에 큰일을 결정할 때 거북의 껍데기를 이용해서 점을 쳤던 풍습이 있었어요.
언덕 엄(厂)	중국어에서 '厂' 은 '공장'의 뜻으로 쓰여요.
사사 사(厶)	지금은 '나(개인)', '사사롭다(개인적인 욕심과 이익만을 꾀하는 일)'라는 뜻을 가진 한자를 '厶' 대신 '私'로 써요.

🐞 다음 그림을 보고 부수자를 따라 써보세요.

①

한 일

②

새 을

③

사람 인

④

걷는 사람 인

⑤

칼 도

⑥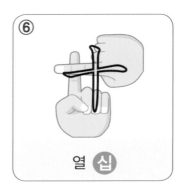

열 십

⑦

감출 혜

⑧

힘 력

⑨

얼음 빙

⑩

병부 절

⑪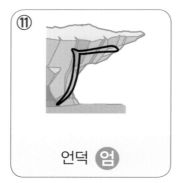

언덕 엄

⑫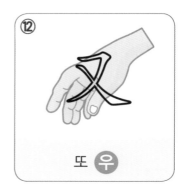

또 우

 다음 그림에 알맞은 부수자를 찾아 줄로 이으세요.

 ①
 ②
 ③
 ④

ㄱ
冂 멀 경

ㄴ
厶 사사 사

ㄷ
勹 쌀 포

ㄹ
凵 입 벌릴 감

부수자를 넣어 한자를 완성하고, 부수자의 뜻과 음을 읽어 보세요.

가운데 중	주인 주	무릇 범	장인 장
⑤ 	⑥ 	⑦ 	⑧ 
뚫을 곤	점 주	안석 궤	상자 방

정답

① ㄴ ② ㄱ ③ ㄷ ④ ㄹ ⑤ ㅣ 뚫을곤 ⑥ 丶 점주 ⑦ 几 안석 궤 ⑧ 匚 상자방

신나게 노래를 따라 부르며 부수를 익혀 봅시다.

가로 줄 하나, 한 **일** | 뚫어 뚫어 세로로, 뚫을 **곤** |
등잔 속 불똥, 점 **주** | 왼쪽으로 쭉~, 삐침 **별** |

꼬불꼬불 새싹, 새 **을** | 낚시 바늘처럼 굽은, 갈고리 **궐** |
가로 줄 두 개, 두 **이** | 갓처럼 위에, 머리 부분 **두** |

서 있는 사람 옆 모습, 사람 **인** | 걸어가는 사람, 걷는 사람 **인** |
들어가는 두 가닥 뿌리, 들 **입** | 두 쪽으로 나뉜, 여덟 **팔** |

멀다 멀어 마을 경계, 멀 **경** | 보자기로 덮은, 덮을 **멱** |
얼음덩이 두 개, 얼음 **빙** | 낮은 탁자 모양, 안석 **궤** |

움푹 땅이 파인 구덩이, 입 벌릴 **감** | 물건 자르는, 칼 **도** |
땅을 가는 가래 영차 영차, 힘 **력** | 두 팔 벌려 감싸 안은, 쌀 **포** |

숟가락 모양, 비수 **비** | 물건 담는 네모 상자, 상자 **방** |
뚜껑 덮은 상자, 감출 **혜** | 새끼줄 매듭 묶어, 열 **십** |

거북 껍데기로 점친, 점 **복** | 무릎 꿇은, 병부 **절**, 튀어나온 바위, 언덕 **엄** |
내꺼야 팔 굽혀 감싼, 사사 **사** | 오른 손 모양 본뜬, 또 **우** |

헷갈리는 부수를 다시 한 번 | 모양 비슷한 뚫을 **곤**, 갈고리 **궐** |
붙고 띄고 들 **입**, 여덟 **팔** | 부수자 1, 2획 다시 한 번 더! 더! 더!

부수 한자 익히기

3획

MP3_02
QR코드를 스캔하여 노래를 따라 불러 봅시다.

부수 한자 익히기

입 구

ㅁ ㅁ ㅁ

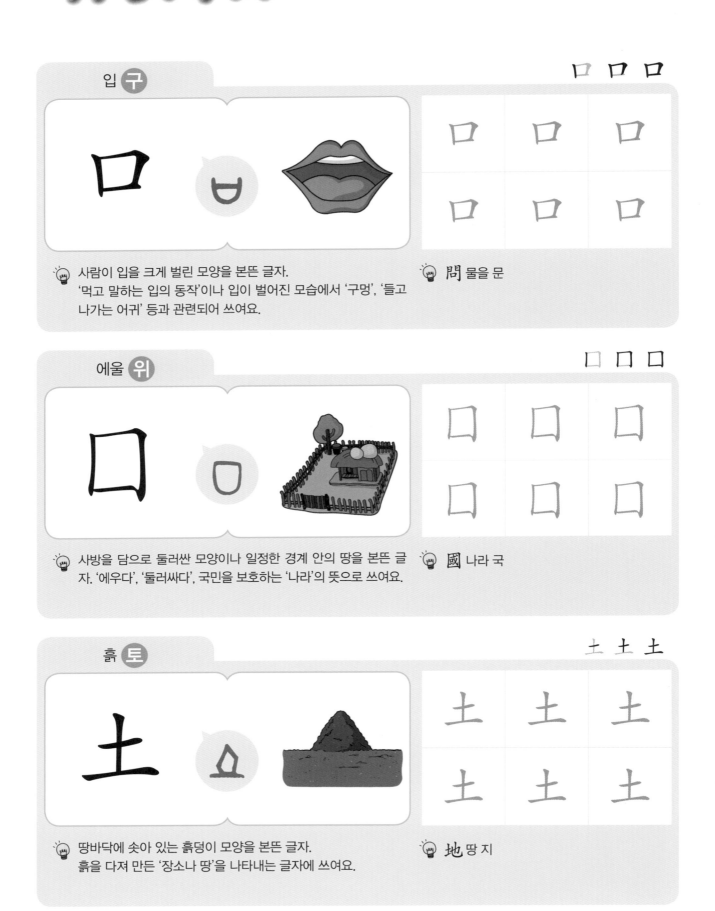

사람이 입을 크게 벌린 모양을 본뜬 글자.
'먹고 말하는 입의 동작'이나 입이 벌어진 모습에서 '구멍', '들고 나가는 어귀' 등과 관련되어 쓰여요.

問 물을 문

에울 위

ㅁ ㅁ ㅁ

사방을 담으로 둘러싼 모양이나 일정한 경계 안의 땅을 본뜬 글자. '에우다', '둘러싸다', 국민을 보호하는 '나라'의 뜻으로 쓰여요.

國 나라 국

흙 토

土 土 土

땅바닥에 솟아 있는 흙덩이 모양을 본뜬 글자.
흙을 다져 만든 '장소나 땅'을 나타내는 글자에 쓰여요.

地 땅 지

선비 **사**

士 士 士

💡 도끼 모양을 본뜬 글자. '士'는 본래 '도끼를 사용하던 남자'를 표현한 글자였어요. 후에 힘을 가진 남자나 신분이 높은 사람을 나타내는 뜻으로 쓰이게 되었어요.

💡 壯 씩씩할 장

뒤져 올 **치**

夊 夊 夊

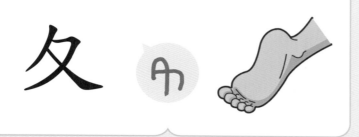

💡 거꾸로 그려진 발 모양을 본뜬 글자.
발이 앞을 향하지 않고 뒤를 향하고 있는 모습에서 '뒤져서 오다'는 뜻이 생겼어요.

💡 夆 끌어당길 봉

천천히 걸을 **쇠**

夊 夊 夊

💡 발이 거꾸로 된 모양에서 '천천히 걷다', '편안히 걷다'는 뜻이 생겼어요. 중국어에서 '夊'와 '夊'는 글자 모양과 뜻이 비슷하여 구별해서 쓰지 않아요.

💡 夏 여름 하

저녁 **석**

夕 夕 夕

| 夕 | 夕 | 夕 |
| 夕 | 夕 | 夕 |

💡 초승달 모양을 본뜬 글자.
해가 저물고 달이 서서히 보이기 시작하는 '저녁'이나 '밤'을 뜻
해요.

💡 **外** 바깥 외

큰 **대**

大 大 大

| 大 | 大 | 大 |
| 大 | 大 | 大 |

💡 팔과 다리를 벌리고 우뚝 선 성인의 모습을 본뜬 글자. 사람을
크고 귀한 존재로 생각한 데서 '크다'라는 뜻이 되었어요. '위대
한', '크고 다 자란', '물건이 크다'는 뜻을 담고 있어요.

💡 **夫** 사내 부

여자 **녀**

女 女 女

| 女 | 女 | 女 |
| 女 | 女 | 女 |

💡 두 손을 앞으로 모으고 앉아 있는 여자의 모습을 그린 글자. '여
자의 신분'을 나타내거나 '여자의 모양새'나 '여자가 하는 일' 등
과 관련되어 쓰여요. '계집'은 '여자'를 낮추어 부르는 말이에요.

💡 **好** 좋을 호

아들 **자**

子 子 子

💡 강보(어린아이의 작은 이불)에 싸인 갓 태어난 아기의 머리와 손을 강조한 글자. 몸과 발이 아직 다 자라지 않은 '어린 자식'을 표현했어요. 후에 '아들'의 뜻이 생겼고, '아주 작은 것', '열매' 등을 나타낼 때도 쓰여요.

💡 字 글자 자

집 **면**

宀 宀 宀

💡 지붕과 두 기둥이 있는 집을 본뜬 글자.
'집의 종류', '집의 쓰임', '집이 하는 역할' 등과 관련되어 쓰여요.

💡 家 집 가

마디 **촌**

寸 寸 寸

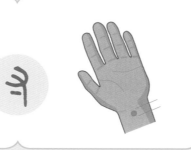

💡 손목에서 맥박이 뛰는 곳까지를 표현한 글자.
그 길이가 손가락 한 마디 정도인 데서 '마디'의 뜻이 생겼어요.
'손으로 하는 행동'과 관련되어 쓰여요.

💡 射 쏠 사

부수 한자 익히기

작을 소

小 小 小

小 小 小
小 小 小

💡 모래알 같이 작은 알갱이를 점 셋으로 표현한 글자.
'작다', '어리다'의 뜻으로 쓰여요.

💡 少 적을 소

절름발이 왕

尢 尢 尢 / 允 允 允 允 / 兀 兀 兀

尢 尢 尢
允 兀 兀

💡 두 팔과 두 다리를 크게 벌리고 서 있는 모습을 본뜬 '大'의 파임 획(乀)을 구부려 '한 발이 굽은 모양', '등이 굽고 키가 작은 사람'을 나타낸 글자.

💡 尤 더욱 우
* '兀', '允'은 '尢'의 변신 글자예요.

주검 시

尸 尸 尸

尸 尸 尸
尸 尸 尸

💡 몸을 웅크리고 있는 사람의 모습을 본뜬 글자.
* 죽은 사람의 몸을 '주검'이라고 해요.

💡 尾 꼬리 미

싹 **철**

屮 屮 屮

屮 屮 屮
屮 屮 屮

💡 '새싹'이 돋아나는 모양에서 만들어진 글자.
'싹이 나다', '식물의 종류' 등과 관련되어 쓰여요.

산/뫼/메 **산**

山 山 山

山 山 山
山 山 山

💡 세 개의 산봉우리가 연이어진 산의 모양을 본뜬 글자.
'산의 이름', '산의 모양', '산의 특징' 등과 관련되어 쓰여요.
'뫼', '메'는 '산'의 옛말이에요.

💡 峰 봉우리 봉

내 **천**

川 川 川 / 巛 巛 巛

川 川 川
巛 巛 巛

💡 양쪽 둑 사이로 흐르는 '냇물'을 표현한 글자.
'내'는 '시내'보다는 크지만 '강'보다는 작은 물줄기를 말해요.

💡 州 고을 주　巡 돌 순

* '川'과 '巛'은 모양은 다르지만 뜻과 음
은 같은 글자입니다.

장인 공

ㅗ ㅗ ㅗ

💡 땅을 다질 때 쓰던 돌 절굿공이, 또는 목수가 사용하는 연장을 본뜬 글자. 연장을 사용하여 '물건을 만들다', 손으로 물건 만드는 것을 직업으로 하는 사람인 '장인'의 뜻이 생겼어요.

💡 左 왼 좌

몸 기

己 己 己

💡 굽어진 새끼줄 모양을 본뜬 글자. 많은 실을 묶어 만든 밧줄이 본래 뜻이었어요. 후에 '몸', '자기', '나'를 나타내는 글자로 빌려서 쓰게 되었어요.

💡 巳 뱀 사

수건 건

巾 巾 巾

💡 허리에 찬 수건 자락이 아래로 드리워진 모양을 본뜬 글자. '천의 종류'나 '천으로 만든 물건' 등과 관련되어 쓰여요.

💡 市 저자 시

방패 간

干 干 干

| 干 | 干 | 干 |
| 干 | 干 | 干 |

💡 긴 대의 끝이 갈라진 사냥도구, 방패 모양을 본뜬 글자.
방패는 짐승을 잡을 때나 적을 공격할 때 자기의 몸을 막기 위해
사용하는 데서 '막다', '간섭하다', '범하다'의 뜻이 생겼어요.

💡 平 평평할 평

작을 요

幺 幺 幺

| 幺 | 幺 | 幺 |
| 幺 | 幺 | 幺 |

💡 꽈배기처럼 꼬인 작은 실타래 모양을 본뜬 글자.
'幺(요)'의 본래 뜻은 실이고, 대부분 실과 관계된 뜻으로 쓰여요.
아주 가는 실에서 '작음·어림·약함'의 뜻이 생겼어요.

💡 幼 어릴 유

집 엄

广 广 广

| 广 | 广 | 广 |
| 广 | 广 | 广 |

💡 언덕이나 바위를 지붕삼아 지은 한쪽 벽면이 없는 '집'의 모양을
본뜬 글자. '广'은 모두 집과 같은 건축물과 관련되어 쓰여요.

💡 店 가게 점

부수 한자 익히기

길게 걸을 인

廴 廴 廴

먼 길을 성큼 성큼 걸어가는 모습을 본뜬 글자.
'길을 가다', '길게 걷다', '길' 등의 뜻과 관련되어 쓰여요.

廷 늘일 연

* '廴'의 간체자는 2획으로 씁니다.

받들 공

廾 廾 廾

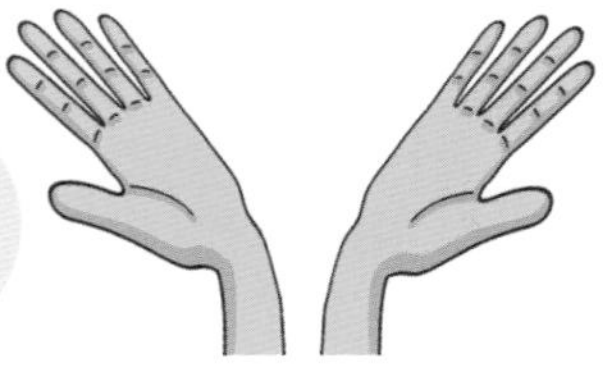

두 손으로 마주잡아 받들어 올리는 모양을 본뜬 글자.
양 손의 모습에서 '받들다', '손을 맞잡다', '받쳐 들다'의 뜻이 생겼어요.

弄 희롱할 롱

주살 익

弋 弋 弋

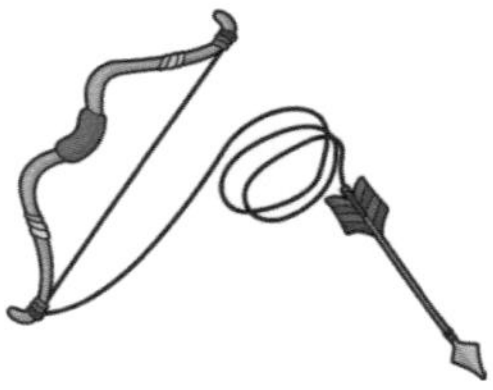

오늬에 줄을 잡아매고 쏘는 화살, 또는 꺾은 나뭇가지로 만든 끝이 뾰족한 말뚝 모양을 본뜬 글자. '사냥', '잡다', '말뚝'의 뜻으로 쓰여요. * '주살'은 '줄이 달린 화살'을 말해요.

式 법 식

활 궁

弓 弓 弓

| 弓 | 弓 | 弓 |
| 弓 | 弓 | 弓 |

💡 활의 모양을 그린 글자.
'활의 여러 기능 및 특성', '활을 쏘는 동작' 등과 관련되어 쓰여요.

💡 弘 넓을 홍

돼지 머리 계

ㅋ ㅋ ㅋ / ㅌ ㅌ ㅌ

ㅋ (ㅌ) ㅌ

| ㅋ | ㅋ | ㅋ |
| ㅌ | ㅌ | ㅌ |

💡 길쭉한 입을 가진 멧돼지나 고슴도치의 머리 모양을 본뜬 글자.
* 'ㅋ(계)'의 모양이 'ㅂ(가로 왈)' 한자에서 한쪽이 터진 모양으로
생각하여 '튼 가로 왈'이라고도 해요.

💡 彔 '錄(기록할 록)'의 간체자 象 판단할 단
* 'ㅋ'와 'ㅌ'는 모양은 다르지만 뜻과 음
은 같은 글자입니다.

터럭 삼

彡 彡 彡

| 彡 | 彡 | 彡 |
| 彡 | 彡 | 彡 |

💡 윤기 흐르며 빛나는 털이 가지런히 난 모습을 본뜬 글자.
'머리카락', '수염'을 나타내거나, '아름다운 무늬'를 표현하고 싶
을 때 쓰여요.

💡 形 모양 형 彩 무늬 채

조금 걸을 척

彳 彳 彳

彳 彳 彳

彳 彳 彳

💡 사거리를 그린 '行(다닐 행)'에서 오른쪽 부분을 뺀 모양을 나타 💡 後 뒤 후
낸 글자.
'조금씩 걷다', '작은 걸음', '길'이나 '걷는 행위'와 관련되어 쓰여요.

🐞 도움말

에울 위(囗)	口(입 구)와 囗(에울 위)는 비슷하지만 모양도 뜻도 소리도 다른 글자입니다.
선비 사(士)	여기에서 '선비'는 단순히 글만 읽는 사람을 말하는 것이 아니라 자기가 맡은 일을 훌륭하게 처리할 수 있는 능력과 힘을 가진 사람을 뜻하는 말이에요.
천천히 걸을 쇠(夊)	'夂(치)'와 '夊(쇠)'는 다른 글자와 함께 쓸 때 쓰이는 위치에 따라 구별할 수 있어요. 주로 '夂'는 다른 글자의 위쪽에, '夊'는 아래쪽에 쓰여요. 중국어에서 '夂'와 '夊'는 글자 모양과 뜻이 비슷하여 구별해서 쓰지 않아요.
큰 대(大)	사람을 옆에서 본 모습은 人(사람 인), 사람을 앞에서 본 모습이 大(큰 대)에요.
집 면(宀)	'宀'은 항상 다른 글자의 위쪽에 쓰여요. 옛날 선비들이 머리에 갓을 쓴 모습을 떠올려서 '갓머리'라고 부르기도 해요.
마디 촌(寸)	시간이나 거리가 '매우 짧음', '양이 적음', 맥박이 일정하게 뛰는 것에서 '일정한 규칙', '촌수' 등을 나타낼 때 쓰여요.
작을 소(小)	'小'와 반대 뜻을 가진 한자는 '大(큰 대)'입니다.
싹 철(屮)	屮(왼손 좌)는 왼손 모양으로 오른손을 그린 '又(또 우)'와 반대되는 모양의 글자로 손동작과 관련되어 쓰여요. '싹 철'과 '왼손 좌'는 글자 모양이 비슷하지만 다른 글자와 결합해서 쓸 때는 그 뜻을 구별할 수 있어요.
장인 공(工)	'장인'은 나무, 돌, 가죽, 청동, 흙 등을 사용하여 손으로 물건을 만드는 일을 직업으로 하는 사람을 말해요.
집 엄(广)	중국어에서 '广'은 '넓다'는 뜻으로 쓰여요.
받들 공(廾)	'廾'은 주로 다른 글자의 아래쪽에 쓰이고, 글자의 모양이 스물(卄, 廿)을 나타내는 한자와 비슷해서 '스물입발'이라고도 해요.
주살 익(弋)	'오늬'란 화살의 머리 부분을 활시위에 끼도록 도려낸 부분을 말해요.

부수 한자 되짚어보기 (3획)

🐞 다음 그림에 알맞은 부수자를 찾아 줄로 이으세요.

 ①

 ②

 ③

 ④

㉠ 寸 마디 촌

㉡ 口 입 구

㉢ 女 여자 녀

㉣ 子 아들 자

🐞 부수자를 넣어 한자를 완성하고, 부수자의 뜻과 음을 읽어 보세요.

사내 부
⑤
큰 대

평평할 평
⑥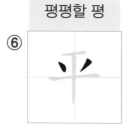
방패 간

왼 좌
⑦
장인 공

넓을 홍
⑧
활 궁

🐞 정답

①㉡ ②㉠ ③㉣ ④㉢ ⑤大 큰 대 ⑥干 방패 간 ⑦工 장인 공 ⑧弓 활 궁

노래로 익히는 부수 한자 (3획)

MP3_02

신나게 노래를 따라 부르며 부수를 익혀 봅시다.

🐞 입 크게 벌린 모습, 입 **구** | 담으로 둘러 싼, 에울 **위** |
땅에 솟은 흙덩이, 흙 **토** | 도끼모양 무기 가진, 선비 **사** |

거꾸로 그린 발, 뒤져 올 **치** | 뒤져 올 치 비슷한, 천천히 걸을 **쇠** |
저녁 하늘 초승달, 저녁 **석** | 팔 다리 크게 벌린 사람, 큰 **대** |

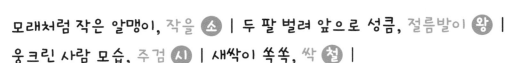

🐞 두 손 모아 앉은, 여자 **녀** | 포대기에 싸인 아가, 아들 **자** |
기둥에 올린 지붕, 집 **면** | 손목에서 맥박 뛰는 곳, 마디 **촌** |

모래처럼 작은 알맹이, 작을 **소** | 두 팔 벌려 앞으로 성큼, 절름발이 **왕** |
웅크린 사람 모습, 주검 **시** | 새싹이 쏙쏙, 싹 **철** |

🐞 세 개의 산봉우리, 산 **산** | 둑 사이로 흐르는 냇물, 내 **천** |
땅 다지는 연장 모양, 장인 **공** | 굽어진 새끼줄, 몸 **기** |

허리에 맨 수건, 수건 **건** | 방패 모양 본떠 만든, 방패 **간** |
꽈배기처럼 꼬인 실타래, 작을 **요** | 바위 아래 동굴 집, 집 **엄** |

🐞 성큼 성큼 걸어가는, 길게 걸을 **인** | 두 손으로 받든 모양, 받들 **공** |
줄을 맨 화살 모양, 주살 **익** | 활처럼 구불구불, 활 **궁** |

입 튀어나온 돼지, 돼지 머리 **계** | 윤기 좔좔 털을 가진, 터럭 **삼** |
할아버지처럼 살살, 조금 걸을 **척** | 부수자 3획 다시 한 번 더! 더! 더!

부수 한자 익히기

4획

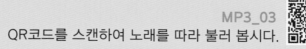

MP3_03
QR코드를 스캔하여 노래를 따라 불러 봅시다.

마음 심

心 心 心 心 忄 忄 忄

| 心 | 心 | 心 |
| 忄 | 忄 | 忄 |

💡 심장의 모양을 본뜬 글자.
사람의 '마음 상태'나 '생각', '느낌' 등과 관련된 뜻으로 쓰여요.

💡 思 생각 사   情 뜻 정   恭 공손할 공
* '忄'과 '㣺'은 '心'의 변신 글자예요.

창 과

戈 戈 戈 戈

| 戈 | 戈 | 戈 |
| 戈 | 戈 | 戈 |

💡 긴 손잡이에 낫 모양의 날이 있는 뾰족한 창을 본뜬 글자.
'무기', '전쟁'과 관련되어 쓰여요.

💡 戰 싸움 전

지게/집 호

戶 戶 戶 戶

| 戶 | 戶 | 戶 |
| 户 | 户 | 户 |

💡 나무 기둥에 한 짝의 문이 달린 모양을 본뜬 글자.
'문', '집'과 관련된 뜻으로 쓰여요.

💡 所 바 소   房 방 방

손 수

手 手 手 手 / 才 才 才

手(才)

手	手	手
才	才	才

다섯 손가락과 손목을 선으로 표현한 글자.
손가락, 손바닥과 같이 '손의 부위'를 나타내거나 손으로 무엇을
하는 '손동작(손의 움직임)'과 관련된 뜻으로 쓰여요.

拳 주먹 권   投 던질 투

지탱할 지

支 支 支 支

支

支	支	支
支	支	支

나무의 줄기에서 뻗어 나는 가지를 손으로 잡고 있는 모양을 본뜬
글자. '나뭇가지', '갈라지다', '지탱하다', '값을 주다' 등의 뜻으로
쓰여요.

支 지탱할 지

칠 복

攴 攴 攴 攴 / 攵 攵 攵 攵

攴(攵)

攴	攴	攴
攵	攵	攵

손에 회초리를 들고 무엇인가를 치는 모습을 본뜬 글자.
'두드리다', '치다', '때리다', '억지로 하다' 등의 뜻을 담고 있어요.

敲 두드릴 고   攻 칠 공

* '攵'은 '攴'이 변신한 모양이에요. 이 글
자를 '등글월문'이라고도 해요.

글월 문

文 文 文 文

| 文 | 文 | 文 |
| 文 | 文 | 文 |

💡 살갗을 바늘로 찔러 먹물이나 물감으로 글씨, 그림, 무늬 등을 새긴 사람의 모습을 본뜬 글자. '그림', '무늬'의 뜻에서 후에 '글자', '글과 문장', '책' 등을 표현하는 뜻으로 쓰이게 되었어요.

💡 斑 얼룩(무늬) 반

말 두

斗 斗 斗 斗

| 斗 | 斗 | 斗 |
| 斗 | 斗 | 斗 |

💡 술을 뜰 때 쓰던 긴 자루가 달린 국자 모양을 본뜬 글자. '양을 재다', '헤아리다' 등의 뜻을 담고 있어요. 여기에서 '말'은 곡식, 액체, 가루 등의 양을 잴 때 쓰는 부피의 단위를 뜻해요.

💡 料 헤아릴 료

도끼 근

斤 斤 斤 斤

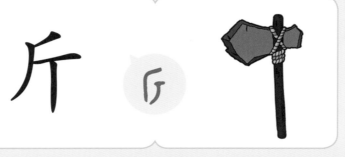

| 斤 | 斤 | 斤 |
| 斤 | 斤 | 斤 |

💡 나무를 깎아 다듬는 데 사용하던 '자귀'를 본뜬 글자. '도끼의 종류'를 나타내거나, '나무를 베다', '자르다' 등의 뜻과 관련되어 쓰여요.

💡 斧 도끼 부

모 **방**

方 方 方 方

方	方	方
方	方	方

💡 손잡이와 발판, 갈라진 날이 있는 쟁기를 본뜬 글자.
쟁기의 끝부분이 뾰족한데서 '모'의 뜻이 생겼어요.
'네모', '각진 것', '방향', '방법', '장소' 등의 뜻으로 쓰여요.

💡 旗 기 기

없을 **무**

无 无 无 无 / 旡 旡 旡 旡

无	无	无
无	无	无

💡 손에 깃털을 들고 춤추는 모양을 표현한 글자.
춤추는 모습을 나타내던 글자가 후에 '없다'라는 뜻으로 쓰이게
되었어요.

💡 旣 이미 기
* '无'는 '無(없을 무)'를 간단하게 쓴 글자
예요.

날 **일**

日 日 日 日

日	日	日
日	日	日

💡 밝게 빛나는 해의 모양을 본뜬 글자. '해'의 모습에서 해가 뜨고
지는 하루 동안의 의미인 '날'의 뜻이 생겼어요. '밝음과 어두움',
'날씨', '시간의 흐름' 등의 뜻과 관련되어 쓰여요.

💡 旦 아침 단   時 때 시

부수 한자 익히기

가로 왈

曰 曰 曰 曰

曰	曰	曰
曰	曰	曰

💡 입(口)에 가로획(一)을 더해 입에서 말이 나오는 모습을 가리킨 글자. '曰' 부수에 속한 한자들은 대부분 '말하다'는 뜻과는 관계 없이, 글자 모양이 비슷해서 들어있어요.

💡 書 글 서

* '가로다'는 '말하다'의 옛말이에요.

달 월

月 月 月 月

月	月	月
月	月	月

💡 이지러진 달(초승달) 모양을 본뜬 글자.
'달의 이름', '달빛의 밝음'을 나타내거나, 달이 차고 기울어지는 모습에서 '때', '세월', '시간의 흐름' 등과 관련되어 쓰여요.

💡 期 기약할 기   朗 밝을 랑

나무 목

木 木 木 木

木	木	木
木	木	木

💡 줄기를 중심으로 잘 뻗은 가지와 뿌리를 본뜬 글자.
'나무의 종류'나 '나무 각 부분의 이름', '나무로 만든 물건'과 관계 있어요.

💡 林 수풀 림

하품 **흠**

欠 欠 欠 欠

| 欠 | 欠 | 欠 |
| 欠 | 欠 | 欠 |

💡 사람이 입을 크게 벌리고 하품하는 모습을 본뜬 글자.
'입을 크게 벌리는 동작'이나 '입에서 나오는 소리'와 관련되어 쓰여요.

💡 歌 노래 가

그칠 **지**

止 止 止 止

| 止 | 止 | 止 |
| 止 | 止 | 止 |

💡 사람의 발 모양을 본뜬 글자.
발이 멈춰 있는 모습에서 '머무르다', '그치다'의 뜻이 생겼어요.

💡 步 걸음 보

뼈 앙상할 **알**
(살 바른 뼈)

歹 歹 歹 歹 / 歺 歺 歺 歺 歺

| 歹 | 歹 | 歹 |
| 歺 | 歺 | 歺 |

💡 살이 없어지고 앙상하게 뼈만 남아있는 모양을 그린 글자.
'살 바른 뼈'에서 '죽음', '재난', '나쁜 일' 등의 뜻이 생겼어요.
'죽을사변'이라고도 해요.

💡 死 죽을 사

* '歹'과 '歺'은 모양은 다르지만 뜻과 음은 같은 글자예요.

부수 한자 익히기

칠 수 (殳)

殳 殳 殳 殳

殳 殳 殳
殳 殳 殳

💡 날 없는 창이나 몽둥이를 손에 들고 무언가를 치려는 모양을 표현한 글자. '몽둥이', '치다'의 뜻을 담고 있어요. '연장이나 농기구의 손잡이', '배를 젓는 노', '치는 동작' 등과 관련되어 쓰여요.

💡 殺 죽일 살

말 무 (毋)

毋 毋 毋 毋

毋 毋 毋
毋 毋 毋

💡 母(어미 모)에 한 획(一)을 더해 '~을 하지 말라'는 뜻을 나타낸 글자. '금지', '없다', '아니다'의 뜻으로 쓰여요.

💡 毒 독 독   每 매양 매

견줄 비 (比)

比 比 比 比

比 比 比
比 比 比

💡 두 사람이 나란히 선 모습을 그린 글자에서 '나란하다', '견주다'는 뜻이 생겼어요.

💡 皆 다 개

털(터럭) 모

毛 毛 毛 毛

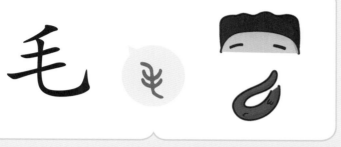

| 毛 | 毛 | 毛 |
| 毛 | 毛 | 毛 |

💡 눈썹이나 머리카락, 짐승의 꼬리 털, 또는 새의 깃털을 본뜬 글자. 털은 아주 가늘기 때문에 '대단히 작다'는 뜻이 담겨 있어요. '털', '털실로 짠 물건', '털처럼 가는 것'과 관련되어 쓰여요.

💡 毫 터럭 호

성씨 씨

氏 氏 氏 氏

| 氏 | 氏 | 氏 |
| 氏 | 氏 | 氏 |

💡 땅 속에서 뻗어 나가던 '뿌리'가 땅 위로 비어져 나온 모양, 또는 허리를 구부려 '씨'를 뿌리는 사람의 모습을 표현한 글자.

💡 民 백성 민

기운 기

气 气 气 气

| 气 | 气 | 气 |
| 气 | 气 | 气 |

💡 여러 가닥의 구름 띠가 하늘에 퍼져 있는 모양을 본뜬 글자. '기운', '날씨', '공기', '낌새', '기체' 등의 뜻으로 쓰여요.

💡 氣 기운 기

물 수

水 (氵)

水 水 水 水 / 氵 氵 氵

| 水 | 水 | 水 |
| 氵 | 氵 | 氵 |

💡 물이 흐르는 모양을 본뜬 글자.
'강 이름', '물의 움직임', '물이 가지고 있는 고유한 특성' 등과 관련되어 쓰여요.

💡 永 길 영   江 강 강   泰 클 태
* '氵', '水'는 '水'의 변신 글자예요.

불 화

火 (灬)

火 火 火 火 / 灬 灬 灬 灬

| 火 | 火 | 火 |
| 灬 | 灬 | 灬 |

💡 넘실거리며 훨훨 타오르는 불꽃을 본뜬 글자.
'불', '열과 빛', '태우다', '뜨겁다' 등과 관련되어 쓰여요.

💡 炎 불꽃 염   熱 더울 열
* '灬'는 '火'의 변신 글자예요.

손톱 조

爪 (爫)

爪 爪 爪 爪 / 爫 爫 爫 爫

| 爪 | 爪 | 爪 |
| 爫 | 爫 | 爫 |

💡 물건을 긁어당기는 손 모양을 본뜬 글자.
물건을 잡고 있는 손의 맨 끝부분인 '손톱'을 뜻해요. 대체로 손을 이용한 행동과 관련되어 쓰여요.

💡 爬 긁을 파   爭 다툴 쟁
* '爫'는 '爪'의 변신 글자예요.

아비(아버지) 부

父 父 父 父

父 父 父
父 父 父

💡 돌도끼를 손에 들고 있는 모습을 본뜬 글자. 도구를 손에 들고 짐승이나 적의 침입을 막고 사냥을 하던 '성인 남자' 모습에서 가족을 책임지고 이끌어가는 '아버지'의 뜻이 생겼어요.

💡 爺 할아버지 야

* '아비'는 '아버지'의 낮춤말이에요.

점괘 효

爻 爻 爻 爻

爻 爻 爻
爻 爻 爻

💡 실이나 새끼줄을 서로 엇갈리게 짜거나 매듭짓는 모습을 표현한 글자. 또는 산가지가 흩어진 모양을 본뜬 글자. 산가지로 친 점에서 '점괘', '본받다'의 뜻이, 서로 엇갈린 모양에서 '사귀다'의 뜻이 생겼어요.

💡 爻 점괘 효

조각 장

爿 爿 爿 爿 / 丬 丬 丬

爿 爿 爿
丬 丬 丬

💡 통나무를 반으로 쪼갠 것 중 왼쪽 부분을 본뜬 글자. 나무를 판판하고 넓게 켠 큰 조각을 이르는 '널빤지'를 뜻해요.

💡 狀 형상 상 / 문서 장

* '丬'은 '爿'을 간단하게 쓴 글자(간체자)로, 중국어에서 써요.

조각 **편**

片 片 片 片

片	片	片
片	片	片

💡 통나무를 반으로 쪼갠 것 중 오른쪽 부분을 본뜬 글자.
'넓적하거나 얇은 것'을 나타내거나, 나뉜 것 중 '한 쪽', '한 부분'
을 표현해요.

💡 版 판목 판

어금니 **아**

牙 牙 牙 牙

牙	牙	牙
牙	牙	牙

💡 위아래의 어금니가 서로 맞물린 모양을 본뜬 글자.

💡 牙 어금니 아

소 **우**

牛 牛 牛 牛 / 牛 牛 牛 牛

牛	牛	牛
牛	牛	牛

💡 소를 정면에서 본 소의 머리 모양으로, 소의 뿔과 귀를 특징적으
로 표현한 글자. '소의 종류', '신에게 바치는 제물' 등의 뜻과 관
련되어 쓰여요.

💡 牽 이끌 견   物 만물 물

개 **견**

犬犬犬犬 / 犭 犭 犭

犬 (犭)

犬	犬	犬
犭	犭	犭

💡 앞발을 들고 짖어대는 개의 모양을 본뜬 글자.
'짐승의 종류', '짐승의 행동'과 관련되어 쓰여요.

💡 獸 짐승 수   犯 범할 범
* '犭'은 '犬'의 변신 글자예요.

🐞 도움말

마음 심(心)	'心(마음 심)'이 다른 글자의 왼쪽에 쓰일 때는 忄(심방변)으로, 아래쪽에 쓸 때는 ⺗(밑 마음심)의 모양으로 변신해요.
지게/집 호(戶)	'지게'는 옛날식 집에서, 마루와 방 사이의 문이나 부엌의 바깥문을 말하지요. 지게문이라고도 해요.
손 수(手)	'扌(재방 변)'은 '手'가 다른 글자의 왼쪽에 놓일 때 변신한 모양이에요. 이 한자를 '재방변' 또는 '손수변'이라고 해요.
글월 문(文)	'글', '글자'의 옛말을 '글월'이라고 해요. '文(글월 문)'과 '攵(칠 복)'은 글자의 모양이 비슷하지만 뜻과 음이 완전 다른 한자예요.
말 두(斗)	중국어에서 '斗'는 '곡식이나 액체의 분량을 되는 단위'뿐만 아니라 '싸우다'의 뜻이 있어요.
도끼 근(斤)	'斤'은 옛날에 도끼날을 저울추로 사용했던 데서 저울로 다는 '무게의 단위'를 나타내기도 해요.
모 방(方)	'方(모 방)' 부수에 속한 한자는 대부분 나부끼는 깃발의 모습을 나타낸 '깃발 언(㫃)' 한자와 관련되어 있어요.
없을 무(无)	'부정', '없다', '숨 막히다' 등의 뜻으로 쓰여요.
칠 수(殳)	'연장이나 농기구의 손잡이', '배를 젓는 노', '치는 동작' 등과 관련되어 쓰여요.
말 무(毋)	어머니는 자식들이 나쁜 행동을 하지 못하도록 가르치는 분이잖아요. 엄마가 회초리 들고 있는 모습을 떠올려 보세요. '毋' 한자를 쉽게 기억할 수 있겠지요?
성씨 씨(氏)	나무처럼 하나의 뿌리를 갖고 사는 사람들의 '성씨'를 표현한 글자예요.
물 수(水)	'ㅣ(삼수변)'은 다른 글자의 왼쪽에, '氺'는 다른 글자의 아래쪽에 쓰여요.
불 화(火)	'灬(연화발)'은 주로 다른 글자의 아래쪽에 쓰여요.
손톱 조(爪)	'爫(손톱조머리)'는 주로 다른 글자의 위쪽에 쓰여요.
아비 부(父)	'아비'는 '아버지'의 낮춤말이에요.
점괘 효(爻)	산가지란 예전에, 수를 셈하던 막대기를 말해요.
개 견(犬)	'犭(개사슴록변)'은 주로 다른 글자의 왼쪽에 쓰여요.

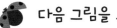 다음 그림을 보고 부수자를 따라 써보세요.

①

마음 **심**

②

지게/집 **호**

③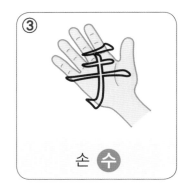

손 **수**

④

글월 **문**

⑤

모 **방**

⑥

없을 **무**

⑦

가로 **왈**

⑧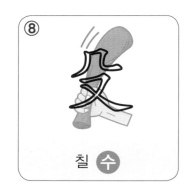

칠 **수**

⑨

견줄 **비**

⑩

털(터럭) **모**

⑪

조각 **편**

⑫

개 **견**

다음 그림에 알맞은 부수자를 찾아 줄로 이으세요.

①

②

③

④

㉠

日 날 일

㉡

月 달 월

㉢

火 불 화

㉣

气 기운 기

부수자를 넣어 한자를 완성하고, 부수자의 뜻과 음을 읽어 보세요.

수풀 림

⑤ 林

나무 목

걸음 보

⑥ 步

그칠 지

백성 민

⑦ 民

성씨 씨

강 강

⑧ 江

물 수

정답

① ㉢　② ㉡　③ ㉣　④ ㉠　⑤ 木 나무 목　⑥ 止 그칠 지　⑦ 氏 성씨 씨　⑧ ; 물 수

신나게 노래를 따라 부르며 부수를 익혀 봅시다.

심장이 두근두근, 마음 심 | 막대 끝에 칼날 단, 창 과 |
한쪽 문이 달린, 지게 호 | 다섯 손가락을 쭉펴, 손 수 |

나뭇가지 뻗어 나온, 지탱할 지 | 회초리 들고 맴매, 칠 복 |
살갗에 그린 무늬, 글월 문 | 긴 자루 달린 국자, 말 두 |

나무 깎던 도끼 모양, 도끼 근 | 쟁기 끝처럼 뾰족한, 모 방 |
소매 펄럭이며 춤추는, 없을 무 | 밝게 빛나는 해 모양, 날 일 |

입에서 말이 술술, 가로 왈 | 초승달처럼 길쭉, 달 월 |
쭉 뻗은 가지랑 뿌리, 나무 목 | 입 벌리고 하품 하~, 하품 흠 |

발이 멈춘 모습, 그칠 지 | 앙상하게 뼈만 남은, 앙상한 뼈 알 |
몽둥이로 치는 모습, 칠 수 | 엄마의 잔소리, 하지말라 무 |

두 사람이 나란히 서서, 견줄 비 | 머리털 꼬리털 새깃털, 털 모 |
땅속 뿌리가 불쑥, 성씨 씨 | 구름이 뭉게뭉게, 기운 기 |

물 흐르는 강처럼, 물 수 | 훨훨 타는 불꽃, 불 화 |
물건 잡은 손끝, 손톱 조 | 돌도끼 손에 들고 사냥하는, 아버지 부 |

산가지 흩어 점치는, 점괘 효 | 쪼갠 통나무 왼쪽, 조각 장 |
쪼갠 통나무 오른쪽, 조각 편 | 위아래 어금니 앙 물어, 어금니 아 |

소뿔이 뾰족해, 소 우 | 앞발 들고 멍멍 짖는, 개 견 |
헷갈리는 부수를 다시 한 번 | 밝게 빛나는, 날 일 달 월 |

구름이 뭉게뭉게, 기운 기 | 물 흐르는 강처럼, 물 수 |
훨훨 타는 불꽃 모양, 불 화 | 모두 다 신나게 다시 한 번 더! 더! 더!

MP3_04
QR코드를 스캔하여 노래를 따라 불러 봅시다.

검을 현

玄 玄 玄 玄 玄

玄	玄	玄
玄	玄	玄

💡 'ㅗ(머리 두)'와 실타래를 그린 '幺(작을 요)'의 결합 글자. 먼 하늘의 끝이 잘 안 보이는 데서 '검다', '가물거리다', '아득하다', '멀다', '깊고 그윽하다'의 뜻이 생겼어요.

💡 率 거느릴 솔

구슬 옥

玉 玉 玉 玉 玉 / 王 王 王 王

玉(王) 王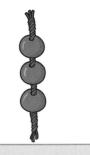

玉	玉	玉
王	王	王

💡 여러 개의 옥을 실로 꿴 모양을 본뜬 글자. '귀하고 귀함', '최고' 등의 뜻을 담고 있어요. '옥의 종류', '옥으로 만든 물건'과 관계 있어요.

💡 璽 옥새 새   現 나타날 현

* 옥새: 국가의 문서에 사용하던 옥으로 만든 임금의 도장.

오이 과

瓜 瓜 瓜 瓜 瓜

瓜	瓜	瓜
瓜	瓜	瓜

💡 덩굴에 고부랑한 열매가 달린 모양을 본뜬 글자. '참외', '오이', '호박', '박'과 같은 덩굴식물의 종류를 표현할 때 쓰여요.

💡 瓢 표주박 표

기와 **와**

瓦 瓦 瓦 瓦 瓦

瓦	瓦	瓦
瓦	瓦	瓦

지붕에 연이어져 놓여 있는 기와 모양을 본뜬 글자.
'기와', '질그릇', '실패' 등 흙을 빚어 불에 구워 만든 물건 종류와
관련되어 쓰여요.

瓶 병 병

달 **감**

甘 甘 甘 甘 甘

甘	甘	甘
甘	甘	甘

입속에 맛있는 것이 들어있는 모습을 입(口)과 가로획(一)으로
표현한 글자. 맛있는 것을 입에 물고 있는 데서 '달다', '맛이 좋다'
등의 뜻이 되었어요.

甚 심할 심

날 **생**

生 生 生 生 生

生	生	生
生	生	生

싹(屮)이 땅(土)을 뚫고 돋아나는 모양을 본뜬 글자.
초목이 땅에서 자라는 모습에서 '태어나다', '자라다', '싱싱하다',
'살다'의 뜻이 생겼어요.

産 낳을 산

쓸 **용**

用 用 用 用 用

💡 나무를 엮어 만든 선반 모양을 본뜬 글자.
선반에 올려 두었던 물건을 필요할 때마다 꺼내어 쓴다는 데서
'사용하다', '쓰다'의 뜻이 생겼어요.

💡 甬 길 용

밭 **전**

田 田 田 用 田

💡 밭과 밭 사이에 사방으로 난 둑의 모양을 본뜬 글자.
농작물을 기를 수 있는 '밭'이나 사냥을 할 수 있는 '사냥터', 내
땅과 네 땅을 구별하는 '경계선' 등의 뜻을 담고 있어요.

💡 界 경계 계

발 **소**

疋 疋 疋 疋 疋 / 疋 疋 疋 疋 疋

💡 발목(장딴지)에서 발끝까지의 다리를 그린 글자.
'疋(발 소)'는 '다리'의 뜻 이외에 '말을 세거나 옷감을 헤아리는
단위'로 쓰여요. '발의 동작'과 관련되어 쓰여요.

💡 疑 의심할 의 疏 소통할 소

병들 **녝**

疒 疒 疒 疒 疒

疒 疒 疒

疒 疒 疒

사람이 아파 침대에 누워 있는 모습을 본뜬 글자.
'疒'은 주로 '질병의 종류', '상처', 그로 인해 생기는 '아픔' 등과
관련되어 쓰여요.

病 병 병

걸을 **발**

癶 癶 癶 癶 癶

癶 癶 癶

癶 癶 癶

발이 서로 반대 방향으로 놓인 모습을 본뜬 글자.
벌려진 두 발의 모습에서 '걷다', 두 발이 반대로 놓인 모양에서
'등지다'의 뜻이 생겼어요.

登 오를 등

흰 **백**

白 白 白 白 白

白 白 白

白 白 白

해가 뜰 때 반짝 비치는 햇빛의 모양을 본뜬 글자.
해가 세상을 환하게 비추는 모습에서 '밝다', '희다', '드러내다',
'말하다' 등의 뜻이 생겼어요.

百 일백 백

가죽 피

皮 皮 皮 皮 皮

皮	皮	皮
皮	皮	皮

💡 짐승의 가죽을 손으로 벗겨 내는 모습을 본뜬 글자.
　　손질하기 전의 '날가죽', '껍질', 또는 물체의 '거죽', '겉'을 뜻해요.

그릇 명

皿 皿 皿 皿 皿

皿	皿	皿
皿	皿	皿

💡 위가 넓고 둥근 발이 있는 굽이 낮은 그릇의 모양을 본뜬 글자.
　　다양한 '그릇 종류'와 관련되어 쓰여요.

💡 益 더할 익
　* '皿'은 주로 다른 글자의 아래쪽에 놓여요.

눈 목

目 目 目 目 目

目	目	目
目	目	目

💡 눈동자가 또렷하게 그려진 눈을 본뜬 글자.
　　'눈의 각 부분'을 나타내거나 '눈의 역할' 등과 관련된 뜻으로 쓰여요.

💡 眼 눈 안

창 모

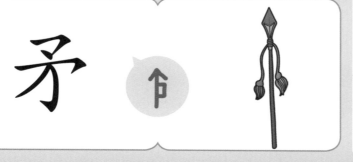

矛 矛 矛 矛 矛

矛	矛	矛
矛	矛	矛

💡 뾰족한 쇠를 긴 자루 끝에 박은 세모진 창의 모양을 본뜬 글자.
'찌르다', '뚫다'는 뜻이 있어요.

💡 矜 자랑할 긍(창자루 근)

화살 시

矢 矢 矢 矢 矢

矢	矢	矢
矢	矢	矢

💡 화살의 촉과 대, 날개를 그린 글자.
화살의 특징이나 성질에서 '빠름', '화살의 정확함', '곧음' 등의
뜻이 생겼어요.

💡 知 알 지

돌 석

石 石 石 石 石

石	石	石
石	石	石

💡 언덕과 그 아래로 굴러 떨어진 돌덩이 모양을 본뜬 글자.
돌의 종류나 성질, 돌로 만들어진 물건, 돌로 할 수 있는 행위와
관련되어 쓰여요.

💡 硏 갈 연

보일 시

示示示示示 / 礻礻礻礻

示(礻)　示

示　示　示

礻　礻　礻

💡 신이나 하늘에 제사를 드리기 위해 제물을 차려 놓은 제단을 그린 글자. 조상이나 신이 '좋은 일과 힘든 일'을 내려준다고 생각해서 '나타내다', '보여주다' 등의 뜻이 생겼어요.

💡 祭 제사 제　祝 빌 축

발자국 유

内内内内内

内　内

内　内　内

内　内　内

💡 땅에 찍힌 짐승의 발자국 모양을 본뜬 글자.
다른 글자와 결합해서 '짐승'이나 '벌레' 등을 나타낼 때 쓰여요.

💡 禺 원숭이 우

벼 화

禾禾禾禾禾

禾　禾

禾　禾　禾

禾　禾　禾

💡 이삭이 패어 드리워진 벼를 표현한 글자.
'곡식의 종류', '농사', '세금' 등과 관련되어 쓰여요.

💡 種 씨 종

구멍 혈

穴 穴 穴 穴 穴

穴  

穴 穴 穴
穴 穴 穴

입구 양쪽으로 받침목이 갖추어진 '동굴 집'을 본뜬 글자. 땅이나 바위가 안으로 깊숙이 패어 들어간 '굴'에서 그 뜻이 '구멍'이 되었어요.

突 갑자기 돌

설 립

立 立 立 立 立

立  

立 立 立
立 立 立

양쪽 팔을 쫙 벌리고 서 있는 두 다리와 서 있는 자리를 가리키는 글자. '서다', '세우다', '머무르다', '기다리다' 등의 뜻으로 쓰여요.

竝 나란할 병

도움말

구슬 옥(玉)	'⺩'은 '玉'이 다른 글자의 왼쪽에 쓰일 때 변신하는 모양이에요. '⺩'은 글자의 모양이 '王(임금 왕)'과 닮아 '임금왕변'이라고 해요.
기와 와(瓦)	'질그릇'이란 진흙으로만 구워 만들고, 잿물을 입히지 않은 그릇을 말합니다. '실패'는 실을 감아두는 작은 도구입니다.
쓸 용(用)	나무로 엮어 만든 울타리, 화살이나 물건 등을 담아두던 바구니 모양에서 만들어진 글자라고 생각하기도 해요.
화살 시(矢)	옛날에는 활[弓]이나 화살[矢]을 '일정한 길이를 재는 도구'로 사용했어요.

다음 그림을 보고 부수자를 따라 써보세요.

①
검을 **현**

②
구슬 **옥**

③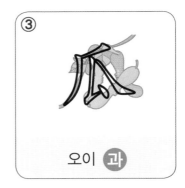
오이 **과**

④
쓸 **용**

⑤
달 **감**

⑥
기와 **와**

⑦
그릇 **명**

⑧
가죽 **피**

⑨
병들 **녁**

⑩
설 **립**

⑪
구멍 **혈**

⑫
창 **모**

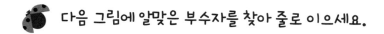 다음 그림에 알맞은 부수자를 찾아 줄로 이으세요.

 ①

 ②

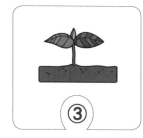 ③

 ④

ㄱ
石 돌 석

ㄴ
田 밭 전

ㄷ
穴 구멍 혈

ㄹ
生 날 생

 부수자를 넣어 한자를 완성하고, 부수자의 뜻과 음을 읽어 보세요.

일백 백	알 지	씨 종	빌 축
⑤ 百	⑥ 知	⑦ 種	⑧ 祝
흰 백	화살 시	벼 화	보일 시

 정답

① ㄴ ② ㄱ ③ ㄹ ④ ㄷ ⑤ 白 흰 백 ⑥ 矢 화살 시 ⑦ 禾 벼 화 ⑧ 示 보일 시

신나게 노래를 따라 부르며 부수를 익혀 봅시다.

🐞 실타래 끝에 머리두, 검을 현 | 서말 구슬 꿰어 만든, 구슬 옥 |
덩굴에 주렁주렁 달린, 오이 과 | 지붕에 올린 기와, 기와 와 |

입 속에 맛있는 사탕, 달 감 | 새싹이 땅에서 쏘옥, 날 생 |
나무 선반이 쓸만해, 쓸 용 | 반듯한 밭 모양, 밭 전 |

🐞 종아리에서 발끝까지, 발 소 | 침대에 누운 아픈 사람, 병들 녁 |
벌려진 두 발이 양쪽으로, 걸을 발 | 환하게 비치는 햇살, 흰 백 |

짐승 가죽 벗겨내는, 가죽 피 | 둥글넓적 그릇 모양, 그릇 명 |
반짝반짝 눈동자, 눈 목 | 뾰족한 쇠를 꽂아 만든, 창 모 |

🐞 화살촉과 날개까지, 화살 시 | 언덕 아래 굴러 떨어진 돌덩이, 돌 석 |
제사 음식 차린 제단, 보일 시 | 땅에 찍힌 짐승 발자국, 발자국 유 |

고개 숙인 익은 벼, 벼 화 | 받침목 세워 만든 동굴집, 구멍 혈 |
두 팔 들고 단단히 선, 설 립 | 부수자 5획 다시 한 번 더! 더! 더!

부수 한자 익히기

6획

MP3_05
QR코드를 스캔하여 노래를 따라 불러 봅시다.

대 죽

竹 竹 竹 竹 竹 竹 / 竹 竹 竹 竹 竹 竹

竹 (竹)

竹	竹	竹
竹	竹	竹

곧게 뻗은 대와 양 옆으로 난 잔가지를 본뜬 글자. 대로 만든 '악기', 젓가락이나 바구니 같은 '다양한 생활용품', '문서' 등과 관련되어 쓰여요.

算 셈 산
* '竹'(대죽머리)는 '竹'의 변신 글자.
  '竹'는 다른 글자의 위쪽에 쓰여요.

쌀 미

米 米 米 米 米 米

米

米	米	米
米	米	米

사방으로 흩어진 낟알 모양을 본뜬 글자. 낟알의 껍질을 벗긴 알맹이에서 '쌀'의 뜻이 되었어요. '米(쌀 미)'는 껍질을 벗긴 곡물 종류, 곡물로 만들 수 있는 음식물과 관련되어 쓰여요.

粉 가루 분

실 사 가는 실 멱

糸 糸 糸 糸 糸 糸 / 糸 糸 糸

糸 (糸)

糸	糸	糸
糸	糸	糸

'가는 실'을 감아 놓은 실타래 모양을 본뜬 글자. '비단실'이 본뜻이며, 대부분 '실 종류'나 '실로 만든 물건' 및 '천(직물)'과 관련되어 쓰여요. '糸'은 '糸'의 변신 글자로, 주로 다른 글자의 왼쪽에 쓰여요.

約 맺을 약
* '糸'은 '糸'를 간단하게 쓴 글자예요.

장군 부

缶 缶 缶 缶 缶 缶

| 缶 | 缶 | 缶 |
| 缶 | 缶 | 缶 |

💡 윗부분은 절굿공이를, 아랫부분은 그릇을 그려 그릇에 담긴 흙을 찧는 모습을 본뜬 글자. 흙으로 빚은 그릇과 관련되어 쓰여요.

💡 缸 항아리 항

그물 망

网 网 网 网 网 网 / 皿 皿 皿 皿 皿

| 网 | 网 | 网 |
| 皿 | 皿 | 皿 |

💡 그물의 손잡이와 그물코 모양을 본떠 '그물'의 뜻이 된 글자. '그물'은 물고기나 짐승을 잡아가두는 도구여서 '잡히다', '잡아 가두다' 등의 뜻을 담고 있어요.

💡 羅 그물 라 罪 허물 죄
* '皿', '网', '罓'은 '网'의 변신 글자예요.

양 양

羊 羊 羊 羊 羊 羊

| 羊 | 羊 | 羊 |
| 羊 | 羊 | 羊 |

💡 양의 굽은 뿔과 몸통과 꼬리를 본뜬 글자. '양의 종류', '양의 특성' 등과 관련되어 쓰여요. '羊', '䒑'은 '羊(양 양)'이 다른 글자와 합쳐서 쓰일 때 글자의 위치에 따라 변한 모양이에요.

💡 群 무리 군 美 아름다울 미

깃 우

羽 羽 羽 羽 羽 羽 / 羽 羽 羽 羽 羽 羽

💡 새의 '긴 깃촉'과 '깃털', '날개' 모양을 본뜬 글자. '새의 깃털', '날개', '날다', '깃으로 만든 물건' 등과 관련되어 쓰여요.

💡 羽 깃 우

* '羽'와 '羽'는 글자의 모양은 다르지만 뜻과 음은 같아요.

늙을 로

老 老 老 老 老 老 / 耂 耂 耂 耂

💡 긴 머리카락과 허리가 굽은 몸, 지팡이를 짚고 있는 모습을 본뜬 글자.
'늙다', '노인', '오래되다', '익숙하다' 등의 뜻으로 쓰여요.

💡 者 사람 자

* '耂(늙을로엄)'은 '老'의 변신 글자예요.

말 이을 이

而 而 而 而 而 而

💡 턱에 난 수염을 본뜬 글자.
후에 수염을 표현하기보다는 말을 이어주는 데 쓰이게 되면서 그 뜻이 '말을 잇다'가 되었어요.

💡 耐 견딜 내

쟁기 뢰

未 未 未 未 未 未

💡 손잡이와 넓적한 삽 모양의 쇳조각이 달린 논밭을 가는 '쟁기'를 그린 글자.
'농기구'와 '농사 활동'과 관련되어 쓰여요.

💡 耕 밭갈 경

귀 이

耳 耳 耳 耳 耳 耳

💡 귀의 윤곽 및 귓구멍의 형태를 본뜬 글자. 귀는 소리를 듣는 기관이기 때문에 '듣는 활동'과 관련되어 쓰여요. 남이 하는 말을 잘 알아듣는다는 데서 '헤아리다', '총명하다'의 뜻이 생겼어요.

💡 聞 들을 문

붓/오직 율

聿 聿 聿 聿 聿 聿

💡 털이 달린 붓을 손으로 쥔 모습을 표현한 글자.
'聿'과 결합한 글자들은 '붓을 사용하여 하는 일'과 관련되어 쓰여요.

💡 肅 엄숙할 숙

고기 육

肉肉肉肉肉肉 / 月月月月

肉 (月)

肉	肉	肉
月	月	月

💡 살결이 보이는 고깃덩어리 모양을 본뜬 글자.
'고기', '살', '몸', '신체 부위의 명칭'과 관련되어 쓰여요.

💡 腐 썩을 부 肝 간 간
* '月'은 '肉'이 변신한 글자예요.

신하 신

臣臣臣臣臣臣

臣

臣	臣	臣
臣	臣	臣

💡 눈을 치켜 뜬 모양을 본뜬 글자. 고개를 숙인 채 위를 바라보는 모습에서 왕을 섬기는 '신하'의 뜻이 생겼어요. 그래서 '臣'이 부수로 쓰일 때는 '보는 것'과 관련된 뜻이 있어요.

💡 臥 누울 와

스스로 자

自自自自自自

自

自	自	自
自	自	自

💡 사람의 코를 정면에서 본 모양을 본뜬 글자.
본래 코의 뜻. 후에 코를 가리키며 '자신'을 나타낸 데서 '스스로', '저절로', '자기'의 뜻으로 쓰이게 되었어요.

💡 臭 냄새 취

이름 지

至 至 至 至 至 至

至 至 至
至 至 至

💡 화살이 날아와 땅에 꽂힌 모습을 본뜬 글자.
'이르다', '도달하다'가 본래 뜻. 이후 '끝'이나 '지극', '최고'의 뜻이 생겼어요.

💡 致 이를 치

절구 구

臼 臼 臼 臼 臼 臼

臼

臼 臼 臼
臼 臼 臼

💡 곡식을 찧는 절구 모양을 그린 글자.
'臼(절구 구)' 글자가 양손을 합친 모양[臼]과 비슷해서 '들어 올리다'라는 뜻으로도 쓰여요.

💡 舊 예 구

혀 설

舌 舌 舌 舌 舌 舌

舌 舌 舌
舌 舌 舌

💡 입 밖으로 내민 혀를 본뜬 글자.
'혀의 동작'이나 '혀의 기능'과 관련되어 쓰여요.

💡 舐 핥을 지

어그러질 천

舛 舛 舛 舛 舛 舛

舛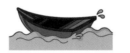

| 舛 | 舛 | 舛 |
| 舛 | 舛 | 舛 |

💡 반대 방향으로 놓여 있는 두 발의 모양을 본뜬 글자.
두 발은 '몸이나 손발의 움직임'을, 반대 방향으로 놓인 발은 '서
로 어긋남'을 뜻해요.

💡 舞 춤출 무

배 주

舟 舟 舟 舟 舟 舟

舟 月

| 舟 | 舟 | 舟 |
| 舟 | 舟 | 舟 |

💡 통나무를 가지런히 엮은 뗏목, 또는 통나무를 파서 만든 배 모양
을 본뜬 글자. '배의 각 부분의 명칭', '배의 종류', '물건이나 사람
을 실어 나르는 일'과 관련된 뜻을 담고 있어요.

💡 船 배 선

그칠 간

艮 艮 艮 艮 艮 艮

艮

| 艮 | 艮 | 艮 |
| 艮 | 艮 | 艮 |

💡 '눈을 크게 뜨고 머리를 돌려 노려보는 모습'을 나타낸 글자.
다정한 눈빛으로 서로를 마주보는 것이 아니라 고개를 돌린 모
습에서 '그치다', '멈추다'의 뜻이 생겼어요.

💡 良 좋을 량

빛 색

色 色 色 色 色 色

| 色 | 色 | 色 |
| 色 | 色 | 色 |

💡 서 있는 사람과 꿇어앉은 사람의 모습을 나타낸 글자.
자신의 감정이 드러난 얼굴빛에서 다양한 '색깔', '빛깔'을 표현
하게 되었어요.

💡 艶 고울 염

풀 초

艸 艸 艸 艸 艸 艸 / ＋＋ ＋＋ ＋＋ ＋＋

| 艸 | 艸 | 艸 |
| ＋＋ | ＋＋ | ＋＋ |

💡 두 포기의 풀 모양을 나타낸 글자.
싹들이 돋아 나오는 모습에서 '풀'의 뜻이 생겼어요. 줄기가 약한
'식물 종류', '식물의 각 부분'을 표현할 때 쓰여요.

💡 花 꽃 화 草 풀 초

* '＋＋(풀초머리)'는 '艸'의 변신 글자예요.
다른 글자의 위쪽에 쓰여요.

범의 무늬 호

虍 虍 虍 虍 虍 虍

| 虍 | 虍 | 虍 |
| 虍 | 虍 | 虍 |

💡 쩍 벌린 입, 날카로운 이빨, 얼룩무늬를 가진 범(호랑이)의 모습
에서 만들어진 글자.

💡 虎 범 호

벌레 충 훼

虫 虫 虫 虫 虫 虫

| 虫 | 虫 | 虫 |
| 虫 | 虫 | 虫 |

💡 세모꼴의 머리에 긴 몸통을 가진 살모사를 그린 글자.
'虫'는 뱀의 종류, 기어 다니거나 날아다니는, 털이 있거나 없는,
딱지나 비늘을 가진 동물 등을 나타내는 데 두루 쓰여요.

💡 蛇 뱀 사 蜂 벌 봉 蛤 조개 합

피 혈

血 血 血 血 血 血

| 血 | 血 | 血 |
| 血 | 血 | 血 |

💡 그릇에 담긴 피를 나타낸 글자.
제사를 지낼 때 제물로 바치던 소나 양 같은 동물의 피를 그릇에
담은 모양으로 '피'를 표현했어요.

💡 衆 무리 중

다닐 행

行 行 行 行 行 行

| 行 | 行 | 行 |
| 行 | 行 | 行 |

💡 사거리 모양을 본뜬 글자.
길은 여러 사람이 모이고 오가는 곳이기에 '가다', '다니다', '행하
다'는 뜻이 생겼어요.

💡 街 거리 가

옷 의

衣衣衣衣衣衣 / 衤衤衤衤衤

衣 (衤) 옷

衣 衣 衣

衤 衤 衤

💡 웃옷을 그린 글자. 양쪽 두 소매와 옷깃, 옷섶을 오른쪽으로 여미고 있는 모습. '옷을 만들거나', '옷의 종류', '옷감' 등과 관련된 뜻으로 쓰여요.

💡 裳 치마 상   袖 소매 수

* '衤(옷의변)'은 '衣'의 변신 글자로 다른 글자의 왼쪽에 쓰여요.

덮을 아

西西西西西西 / 襾襾襾襾襾襾

襾 (覀) 襾

襾 襾 襾

覀 覀 覀

💡 무언가 덮을 수 있는 물건의 형태를 본뜬 글자. '덮다', '감싸다'의 뜻을 담고 있어요.

💡 西 서녘 서   覆 덮을 복

* '襾'와 '覀'는 글자의 모양은 다르지만 뜻과 음이 같은 글자예요.

🐞 도움말

대 죽(竹)	종이가 발명되기 전에는 어디에 글을 남겼을까요? 옛사람들은 돌, 청동 그릇, 비단, 나무, 대(竹)에 글을 남겼어요. 이 중에서도 구하기 쉽고 다루기 편했던 대(竹)를 주로 사용했어요. 대나무를 반으로 쪼갠 후 푸른빛이 나는 부분에 글자를 새기고 하나하나의 댓조각을 줄로 엮어 돌돌 말아 보관했어요. 이것을 '죽간(竹簡)'이라고 해요. 댓조각(죽간)을 줄로 엮은 모양에서 만들어진 한자가 '册(책)'이에요.
쌀 미(米)	앞에서 배운 한자들을 사용해 낱말을 만들어 볼까요? 중국에서 쌀은 '大米', 좁쌀은 '小米', 옥수수는 '玉米'라고 해요.
실 사(糸)	'가는실 멱'을 관습적으로 '실 사'라고도 해요.
장군 부(缶)	'장군'은 물, 술, 간장 따위의 액체를 담아서 옮길 때에 쓰는 아가리가 좁고 배가 불룩한 그릇이에요. 흙으로 만들기도 하고 나뭇조각으로 통 메우듯이 짜서 만들기도 해요..
고기 육(肉)	'⺝'은 주로 다른 글자의 왼쪽이나 아래쪽에 쓰여요. '月(달 월)'과는 뜻과 음이 완전히 다르지만 모양이 비슷해서 '⺝'을 '육달월'이라고 해요.
신하 신(臣)	'臣'은 본래 눈을 본뜬 글자이기 때문에 부수로서의 의미는 '보는 것'과 관련된 뜻을 담고 있어요.
스스로 자(自)	'自'는 본래 코를 본뜬 한자예요. 다른 글자와 결합해서 부수로서 쓰일 때는 '코가 하는 일'과 관련된 뜻이 있어요.
풀 초(艸)	'艸'가 부수로 쓰일 때 글자 모양이 '艹(4획)'으로 변해요. 주로 다른 글자의 위쪽에서 쓰이기 때문에 '초두' 또는 '풀초머리'라고 해요. 간편하게 '艹'(3획)으로 쓰기도 해요.
벌레 충(虫)	옛날부터 蟲(벌레 충)을 '虫'로 간략하게 썼기 때문에 이를 '벌레 충'이라고 해요.

부수 한자 되짚어보기 (6획)

🐞 다음 그림을 보고 부수자를 따라 써보세요.

①
대 죽

②
쌀 미

③
실 사 멱

④
고기 육

⑤
그물 망

⑥
피 혈

⑦
신하 신

⑧
스스로 자

⑨
이를 지

⑩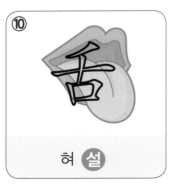
혀 설

⑪
빛 색

⑫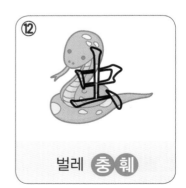
벌레 충 훼

다음 그림에 알맞은 부수자를 찾아 줄로 이으세요.

 ①

 ②

 ③

 ④

㉠ 舌 혀 설

㉡ 舟 배 주

㉢ 羽 깃 우

㉣ 衣 옷 의

부수자를 넣어 한자를 완성하고, 부수자의 뜻과 음을 읽어 보세요.

아름다울 미	사람 자	들을 문	꽃 화
⑤ 美	⑥ 者	⑦ 聞	⑧ 花

양 양

늙을 로

귀 이

풀 초

정답

① ㉠ ② ㉢ ③ ㉡ ④ ㉣ ⑤ 羊 양 양 ⑥耂 늙을 로 ⑦ 耳 귀 이 ⑧ 艹 풀 초

신나게 노래를 따라 부르며 부수를 익혀 봅시다.

🐞 곧게 뻗은 대나무와 이파리, 대 죽 | 흩어진 벼 이삭, 쌀 미 |
실타래 돌돌 감아, 실 사 | 절구에 흙 담아 쿵쿵, 장군 부 |

막대 그물 모양, 그물 망 | 동그란 뿔 달린, 양 양 |
펄럭펄럭 새 날개, 깃 우 | 지팡이 짚은 할아버지, 늙을 로 |

🐞 어흠~ 턱에 난 수염, 말 이을 이 | 논밭 가는 넓적한 삽, 쟁기 뢰 |
소리 듣는 귀, 귀 이 | 붓 쥐고 글 쓰는, 붓 율 |

고깃덩이나 몸의 일부, 고기 육 | 고개 숙이고 왕 섬기는, 신하 신 |
코를 가리키는, 스스로 자 | 슝슝 화살 날아와 땅에 꽂힌, 이를 지 |

🐞 곡식 찧는 절구 모양, 절구 구 | 혀를 내밀어 메~롱, 혀 설 |
발이 반대로 놓여, 어그러질 천 | 통나무 파서 만든, 배 주 |

고개 돌려 노려보는, 그칠 간 | 끓어 앉아 싹싹 비는, 빛 색 |
쑥쑥 자란 풀 두 포기, 풀 초 | 얼룩무늬 호랑이가 어흥, 범의 무늬 호 |

🐞 살모사처럼 기어다니는, 벌레 충 | 피를 담아 제물로 바친, 피 혈 |
사거리에서 이리 저리, 다닐 행 | 두루마기 여며 입는, 옷 의 |

뚜껑을 꼭 덮는, 덮을 아 | 헷갈리는 부수를 다시 한 번 |
대나무는 대 죽, 풀 두포기 풀 초 | 모두 다 신나게 다시 한 번 더! 더! 더!

부수 한자 익히기

7획

MP3_06
QR코드를 스캔하여 노래를 따라 불러 봅시다.

見 見 見 見 見 見 見 / 见 见 见 见

볼 견

見

見	見	見
见	见	见

💡 눈을 크게 뜬 사람을 그린 모양을 본뜬 글자.
'보다'의 뜻을 담고 있어요.

💡 觀 볼 관

* '见'은 '見'을 간단하게 쓴 글자예요.

角 角 角 角 角 角 角 / 角 角 角 角 角 角 角

뿔 각

角

角	角	角
角	角	角

💡 소의 뿔과 뿔의 무늬를 본뜬 글자.
뾰족한 뿔의 모습에서 '모나다', '상투', 소가 뿔로 싸우는 데서
'견주다', '싸우다'의 뜻이 생겼어요.

💡 解 풀 해

* '角'은 '角'을 간편하게 쓴 글자예요.

言 言 言 言 言 言 言 / 讠 讠

말씀 언

言

言	言	言
讠	讠	讠

💡 악기를 부는 입모양을 본뜬 글자.
악기의 '소리'에서 사람의 '말'이나 '언어 활동'과 관련된 뜻으로
쓰이게 되었어요.

💡 記 기록할 기

* '讠'은 '言'을 간단하게 쓴 글자예요.

골 곡

谷谷谷谷谷谷谷

| 谷 | 谷 | 谷 |
| 谷 | 谷 | 谷 |

💡 산등성이가 갈라진 사이로 물이 흘러나오는 골의 모양을 본뜬 글자. 八 모양이 겹쳐진 것은 물이 흘러내리면서 움푹 파인 골을 표현한 것이에요. 골이 짝을 이루어서 '골짜기'라고 하지요.

💡 谿 시내 계

콩/제기 두

豆豆豆豆豆豆豆

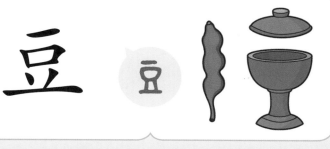

| 豆 | 豆 | 豆 |
| 豆 | 豆 | 豆 |

💡 곡식이나 음식을 담는 뚜껑이 있는 굽이 높은 제사 그릇을 본뜬 글자. 그 그릇의 모양이 콩꼬투리 같아 보여 '콩'의 뜻으로 쓰이게 되었어요.

💡 豐 풍년 풍

돼지 시

豕豕豕豕豕豕豕

| 豕 | 豕 | 豕 |
| 豕 | 豕 | 豕 |

💡 튀어나온 주둥이와 뚱뚱하게 살찐 몸통, 네 발과 아래로 처진 꼬리를 가진 돼지를 그린 글자.

💡 豚 돼지 돈

해태 **치**

豸 豸 豸 豸 豸 豸 豸

豸 豸 豸
豸 豸 豸

💡 입을 크게 벌리고 이빨을 드러낸 짐승이 발을 모으고 등을 높이 세워 먹이를 노리는 모양을 본뜬 글자. 지렁이 같은 '발 없는 벌레'나 '해태', 표범 같은 '사나운 동물'을 나타낼 때 쓰여요.

💡 豹 표범 표

조개 **패**

貝 貝 貝 貝 貝/贝 贝 贝 贝

貝 貝 貝
贝 贝 贝

💡 껍데기는 붉은 빛이 나고 벌어진 부분은 톱니 모양인 조개를 본뜬 글자. 옛날에 조개를 '돈'으로 사용한 데서 '값나가는 물건', '물건을 사고파는 일' 등과 관련되어 쓰이게 되었어요.

💡 貴 귀할 귀
* '贝'는 '貝'를 간단하게 쓴 글자예요.

붉을 **적**

赤 赤 赤 赤 赤 赤 赤

赤 赤 赤
赤 赤 赤

💡 팔과 다리를 크게 벌리고 있는 사람과 타오르는 불이 서로 어우러진 모습을 표현한 글자. 큰불이 타오르는 빛깔 또는 불을 쬐는 사람의 얼굴빛이 붉어진 데서 '붉다'가 되었어요.

💡 赦 용서할 사

달릴 주

走 走 走 走 走 走 走

走 走 走
走 走 走

💡 두 팔을 휘저으며 재빠르게 걷는 모습을 본뜬 글자.
이 모습에서 '달리다', '걷다'의 뜻이 생겼어요. 걷는 사람의 발을
강조하여 달리거나 걷는 행동과 관련되어 쓰여요.

💡 起 일어날 기

발 족

足 足 足 足 足 足 足 / 𧾷 𧾷 𧾷 𧾷 𧾷 𧾷 𧾷

足 足 足
𧾷 𧾷 𧾷

💡 종아리에서 발가락 끝까지의 모양을 본뜬 글자.
'발', '다리', '발의 동작'과 관련되어 쓰여요. '만족함', '넉넉함',
'충분함'의 뜻으로도 쓰여요.

💡 路 길 로

몸 신

身 身 身 身 身 身 身

身 身 身
身 身 身

💡 아이 밴 여자의 불룩한 몸 모양을 본뜬 글자로, '아이 배다'가 원
래 뜻이에요. 후에 제 몸 스스로를 가리키는 '자신', '사람의 몸',
'몸소'의 뜻이 생겼어요. 사람의 신체와 관련되어 쓰여요.

💡 躬 몸 궁

수레 거 차

車車車車車車車 / 车 车 车 车

💡 바퀴 달린 수레를 옆에서 본 모양을 본뜬 글자.
'수레 종류', '수레 부위의 명칭', '전차', '수레를 이용하여 물건을
이동할 때의 동작이나 상태'와 관련된 뜻이 있어요.

💡 軍 군사 군

* '车'는 '車'를 간단하게 쓴 글자예요

매울 신

辛辛辛辛辛辛辛

💡 죄인이나 포로의 얼굴에 검은 먹으로 문신을 새길 때에 사용한
형벌 도구를 표현한 글자. 칼로 문신을 새길 때의 고통과 아픔에
서 '맵다', '쓰다'의 뜻이 생겼어요.

💡 辯 말잘할 변

별 진 때 신

辰辰辰辰辰辰辰

💡 조개껍데기와 조개 살이 밖으로 나온 조개의 모양을 그린 글자.
큰 조개(대합조개)가 본래 뜻이며, 옛날에 농사를 지을 때 낫 대신
이 조개껍데기를 농기구로 사용한 데서 농사와 관련되어 쓰여요.

💡 農 농사 농

쉬엄쉬엄 갈 착

辵辵辵辵辵辵辵 / 辶辶辶

💡 사거리(行)에 놓인 발(止)을 표현한 글자.
가다 멈추다 하면서 길을 가는 모습에서 '쉬엄쉬엄 가다'의 뜻이
생겼어요. '길', '길에서 일어나는 동작' 등과 관련되어 쓰여요.

💡 道 길 도
* '辶', '辶', '辶'은 '辵'을 간단하게 쓴 글자
예요.

고을 읍

邑邑邑邑邑邑邑 / 阝阝阝

💡 위쪽은 성(口)을, 아래쪽은 꿇어앉은 사람(巴)을 그려, 일정하게
둘러싸인 장소 안에 사람들이 모여 사는 '고을'을 나타낸 글자예
요. 사람이 사는 땅이나 땅 이름, 일정한 장소를 나타낼 때 쓰여요.

💡 邕 막힐 옹 郡 고을 군

닭(술그릇) 유

酉酉酉酉酉酉

💡 배가 불룩하고 목이 잘록하며 끝이 뾰족한 '술독' 모양을 본뜬 글
자. 후에 십이지(十二支)의 열째 동물인 '닭'을 나타내는 뜻으로
빌려 쓰게 되었어요.

💡 酒 술 주

분별할 변

采

💡 짐승의 발자국 모양을 본뜬 글자.
땅에 찍힌 발자국을 보고 어떤 짐승인지를 알아낸다는 데서 '분별하다'의 뜻이 생겼어요.

采 采 采 采 采 采 采

| 采 | 采 | 采 |
| 采 | 采 | 采 |

💡 釋 풀(풀다, 풀리다) 석

마을 리

里

💡 田(밭 전)과 土(흙 토)가 합쳐진 글자.
농사를 지을 수 있는 땅이 있는 곳에 사람이 모여 사는 것을 나타내어 '마을'의 뜻이 생겼어요.

里 里 里 里 里 里 里

| 里 | 里 | 里 |
| 里 | 里 | 里 |

💡 野 들 야

🐞 도움말

볼 견(见) '见'은 '見'을 간단하게 쓴 글자예요. 중국에서는 '見'을 '见'으로 써요. 이렇게 글자의 획수를 줄여서 간단하게 쓴 글자를 '간화자' 또는 '간체자'라고 하지요. 한자의 획수를 줄이면 한자를 쓰는데 편리해져요. 글자의 모양은 달라졌지만 뜻은 변하지 않았어요.

콩/제기 두(豆) '豆'는 본래 의식용 그릇을 본뜬 한자이기 때문에 다른 글자와 결합해서 부수로서 쓰일 때는 '의식용 그릇'과 관련된 뜻이 있어요.

해태 치(豸) '豸'를 '해치(해태의 본딧말) 치', '맹수 치', '발 없는 벌레 치', '갖은 돼지 시'라고도 해요.

발 족(足) 'ⴑ(발족변)은 '足'의 변신 글자. 주로 다른 글자의 왼쪽에 쓰여요.

고을 읍(邑) '邑'이 다른 글자와 합쳐져서 부수로 쓰일 때는 주로 글자의 오른쪽에 놓이며 'ⴑ'으로 변형되어 쓰여요.

닭 유(酉) 술독은 술을 담그거나 담는 독을 말합니다. '술 종류', '술을 마실 때의 동작', '술을 다루는 사람', '술처럼 발효된 간장이나 음식물' 등과 관련되어 쓰여요. 십이지는 옛날에 각각 방향과 날짜, 시간을 표현하는 방식으로, 열두 가지 동물로 나타냈어요.

마을 리(里) 마을과 마을 사이의 거리를 재는 단위로도 쓰여요. 중국어에서 '里'는 '裡(속 리)'의 간체자로 쓰이며, '안', '속'을 뜻해요.

🐞 다음 그림에 알맞은 부수자를 찾아 줄로 이으세요.

 ①

 ②

 ③

 ④

㉠ 走 달릴 주

㉡ 赤 붉을 적

㉢ 見 볼 견

㉣ 身 몸 신

🐞 부수자를 넣어 한자를 완성하고, 부수자의 뜻과 음을 읽어 보세요.

길 로	군사 군	길 도	들 야
⑤ 路	⑥ 軍	⑦ 道	⑧ 野
발 족	수레 거 차	쉬엄쉬엄 갈 착	마을 리

🐞 정답

① ㉣ ② ㉢ ③ ㉡ ④ ㉠ ⑤ 足 발 족 ⑥ 車 수레 거/차 ⑦ 辶 쉬엄쉬엄 갈 착 ⑧ 里 마을 리

신나게 노래를 따라 부르며 부수를 익혀 봅시다.

눈 크게 뜬 사람, 볼 견 | 뾰족한 소뿔과 무늬, 뿔 각 |
악기 불고 말하는 입, 말씀 언 | 물이 흐르는 산골짜기, 골 곡 |

뚜껑 있는 제사 그릇, 제기 두 | 튀어나온 입에 통통한, 돼지 시 |
화난 맹수가 으르렁, 해태 치 | 붉고 빛나는 조개 모양, 조개 패 |

팔 벌리고 불 쬐는 사람들, 붉을 적 | 휘적휘적 빠르게 걷는, 달릴 주 |
종아리에서 발끝까지, 발 족 | 배 볼록한 사람 모습, 몸 신 |

바퀴달린 수레 모양, 수레 거 | 죄인에게 벌 주는 도구, 매울 신 |
조개껍데기 농기구, 별 진 | 사거리 지나가는, 쉬엄쉬엄 갈 착 |

사람들이 모여 사는, 고을 읍 | 배가 볼록한 술단지, 닭 유 |
땅에 찍힌 발자국, 분별할 변 | 농사짓는 땅 모양, 마을 리 |

헷갈리는 부수를 다시 한 번 | 통통한 돼지 시, 으르렁 해태 치 |
마을 뜻하는 고을 읍, 마을 리 | 모두 다 신나게 다시 한 번 더! 더! 더!

부수 한자 익히기

8~9 획

MP3_07
QR코드를 스캔하여 노래를 따라 불러 봅시다.

쇠 금 성 김

金 金 金 金 金 金 金 金

金	金	金
钅	钅	钅

💡 쇳물을 부어 넣어 각종 물건을 만들 수 있는 거푸집(틀) 모양을 본뜬 글자. 거푸집 옆의 두 점은 쇳물을 표시한 것이에요. 성씨로 쓰일 때는 '김'으로 읽어요.

💡 銀 은 은

* '钅'은 '金'을 간단하게 쓴 글자예요.

길 장 어른 장

長 長 長 長 長 長 長 長 / 长 长 长 长

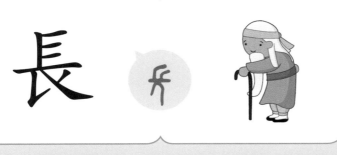

長	長	長
长	长	长

💡 머리카락이 길게 자란 노인의 모습을 본뜬 글자. 옛날에는 머리카락과 수염을 자르지 않아서 나이가 들수록 머리카락이 길게 자랐기 때문에 '길다', '멀다', '자라다', '어른', '대표자', '잘하다'의 뜻이 생겼어요.

💡 長 길 장 / 어른 장 / 자랄 장

* '长'은 '長'을 간단하게 쓴 글자예요.

문 문

門 門 門 門 門 門 門 門 / 门 门 门

門	門	門
门	门	门

💡 마주 선 기둥에 문짝이 각각 한 짝씩 달려 있는 양쪽 문을 본뜬 글자. '문의 종류', '각 부분의 명칭', '문의 기능' 등과 관련되어 쓰여요.

💡 間 사이 간

언덕 부

阜阜阜阜阜阜阜阜 / 阝 阝 阝

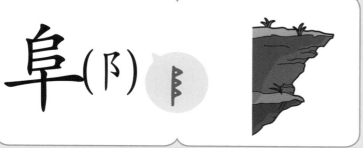

阜	阜	阜
阝	阝	阝

💡 흙이 여러 층으로 겹겹이 쌓여 층이 진 언덕을 그린 글자.
'흙 계단', '언덕', '흙으로 만든 건물' 등을 뜻해요.

💡 降 내릴 강

미칠 이

隶隶隶隶隶隶隶隶

隶	隶	隶
隶	隶	隶

💡 손으로 짐승의 꼬리를 잡은 모습을 본뜬 글자.
손이 짐승의 꼬리에 다다른 데서 '미치다', '따라잡다'의 뜻이 생겼
어요.

💡 隷 종(노예) 예

새 추

隹隹隹隹隹隹隹隹

隹	隹	隹
隹	隹	隹

💡 새의 날개를 강조한 새의 모습을 본뜬 글자.
'새의 종류', '새의 특성'과 관련되어 쓰여요.

💡 集 모일 집

비 **우**

雨 雨 雨 雨 雨 雨 雨 雨

雨	雨	雨
雨	雨	雨

💡 하늘에서 빗방울이 떨어지는 모양을 본뜬 글자.
구름, 이슬, 안개, 노을, 천둥 등 날씨 변화와 관련되어 쓰여요.

💡 雪 눈 설

* '雨'는 '雨'의 변신 글자. 다른 글자의 위쪽에 쓰여요.

푸를 **청**

靑 靑 靑 靑 靑 靑 靑 靑 / 靑 靑 靑 靑 靑 靑 靑 靑

靑	靑	靑
靑	靑	靑

💡 땅 위로 움트는 싹과 우물을 표현한 글자. 봄날 막 돋아난 어린 싹의 파릇파릇한 풀색에서 '푸르다'의 뜻을 표현했어요.

💡 靜 고요할 정

* '靑'은 '靑'을 간편하게 쓴 글자예요.

아닐 **비**

非 非 非 非 非 非 非 非

非	非	非
非	非	非

💡 새의 두 날개가 서로 반대 방향으로 펼쳐져 있는 모양.
'어긋나다', '그르다', '아니다', '갈라지다', '등지다'의 뜻으로 쓰여요.

💡 靠 기댈 고

낯 면

面

面面面面面面面面面

面	面	面
面	面	面

💡 얼굴을 대표한 눈을 중심으로 머리 둘레를 표현한 글자. '납작한 것'이나 '사물의 겉'을 나타내는 뜻으로 쓰여요.

💡 皰 여드름 포

가죽 혁

革

革革革革革革革革革

革	革	革
革	革	革

💡 짐승의 날가죽에서 털을 뽑고 말리는 모습을 본뜬 글자. 동물의 가죽을 머리부터 꼬리까지 손질해 놓은 모습에서 '변하다', '고치다', '바뀌다'의 뜻이 생겼어요.

💡 靴 신(가죽신) 화

다룸 가죽 위

韋

韋韋韋韋韋韋韋韋韋 / 韦韦韦韦

韋	韋	韋
韦	韦	韦

💡 성의 주위를 두 발로 에워싼 모습을 나타낸 글자. '韋'는 '에워싸다'가 본래 뜻이며, 이후 짐승의 날가죽에서 털과 기름을 뽑아 부드럽게 만든 가죽을 나타내는 글자로 빌려서 쓰게 되었어요.

💡 韓 한국 한

* '韦'은 '韋'을 간단하게 쓴 글자예요.

부추 구

韭 韭 韭 韭 韭 韭 韭 韭 韭

韭 韭 韭
韭 韭 韭

💡 땅[一]에서 여러 갈래로 돋아 나온 부추[韭]의 모양을 본뜬 글자. 하나의 줄기에서 여러 개의 가는 줄기가 자라는 부추 모양에서 '가늘고 여린'의 뜻이 생겼어요.

💡 韱 부추 섬

소리 음

音 音 音 音 音 音 音 音 音

音 音 音
音 音 音

💡 악기를 부는 입 모양을 본뜬 글자. 사람이 만든 악기에서 나는 소리 뿐 아니라 돌, 가죽, 나무 등에서 나는 모든 소리를 표현해요. '소리', '소식', '음악'의 뜻으로 쓰여요.

💡 韻 운 운

머리 혈 페이지 엽

頁 頁 頁 頁 頁 頁 頁 頁 頁/页 页 页 页 页 页

頁 頁 頁
页 页 页

💡 사람의 목에서 머리끝까지의 모양을 본뜬 글자. '머리'가 원래 뜻이며, 턱, 이마, 목, 수염 등 '얼굴 부위의 명칭'과 관련되어 쓰여요.

💡 頂 정수리 정

* '页'은 '頁'를 간단하게 쓴 글자예요.

바람 풍

風風風風風風風風風 / 风 凤 凤 凤

風 바람 풍

* '风'은 '風'을 간단하게 쓴 글자예요.

바람에 느낌이나 반응이 빠른 벌레의 모습을 그려 '바람'을 표현한 글자. '바람', '풍습', '소식', '경치'의 뜻으로 쓰여요. '바람의 종류', '바람의 성질'과 관련되어 쓰여요.

날 비

飛飛飛飛飛飛飛飛飛 / 飞 飞 飞

飛 날 비

* '飞'은 '飛'를 간단하게 쓴 글자예요.

새가 두 날개를 활짝 펴고 하늘을 향해 세차게 날아오르는 모양을 본뜬 글자.
'날다', '떠돌다', '빠르다'의 뜻을 담고 있어요.

밥 식

食食食食食食食食食

飮 마실 음   養 기를 양

뚜껑이 있는 둥그런 그릇에 김이 모락모락 나는 밥을 그린 글자.
'음식물의 종류', '음식물을 먹는 행위'와 관련되어 쓰여요.
다른 글자의 왼쪽에 놓일 때는 '飠', '飠', '饣'로 써요.

머리 수

首首首首首首首首首

首	首	首
首	首	首

💡 사람의 머리카락과 눈을 본뜬 글자.
머리는 몸의 맨 위에 있다는 데서 '우두머리', '처음', '시작', '첫째' 등의 뜻으로 쓰여요.

💡 首 머리 수

향기 향

香香香香香香香香香

香	香	香
香	香	香

💡 그릇(日)에 담긴 곡식(禾)을 그려 '향기'의 뜻을 표현한 글자.
새로 수확한 쌀로 갓 지은 밥에서 풍기는 고소한 냄새를 상상해 보세요!

💡 饙 향기 분

🐞 도움말

쇠 금(金)	'황금', '돈', '청동이나 철로 만든 물건', '금속을 가공할 때의 과정', '단단한 금속의 성질' 등과 관련되어 쓰여요. 땅속에 묻혀 반짝반짝 빛나는 황금을 떠올려 보세요.
'老'와 '長'	'老(늙을 로)'는 지팡이를 짚고 있는 모습을 강조하여 나타낸 것이고, '長(길 장)'은 성글고 긴 머리카락이 늘어진 모습을 강조하여 표현한 것이에요.
문 문(門)	'門(문 문)'은 두 개의 문을, '戶(집 호/지게 호)'는 외짝 문을 표현한 글자예요.
언덕 부(阜)	'阜'가 다른 글자와 합쳐져서 부수로 쓰일 때는 주로 글자의 왼쪽에 쓰이며 'ß'으로 변형되어 쓰여요.
푸를 청(靑)	어린 싹의 푸르른 색깔에서 '싱싱하다', '젊다', '순수하다', '맑다'의 뜻도 생겼어요.
낯 면(面)	'面'은 '얼굴'의 뜻 외에, 중국어에서 '밀가루'로 만든 음식(빵, 국수 등)을 표현할 때도 쓰여요.
가죽 혁(革)	'가죽으로 만든 물건'이나 '질긴 가죽의 특징'과 관련된 뜻이 있어요.
머리 혈(頁)	중국어에서 '頁'는 '페이지'의 뜻으로 쓰여요.
바람 풍(風)	아주 먼 옛날 사람들은 상상의 새인 봉황새의 날갯짓에서 바람이 불어온다고 생각했어요.
머리 수(首)	'首'는 우두머리의 상징인 큰 모자와 눈을 강조하여 그린 모습이라고도 해요.

🐞 다음 그림에 알맞은 부수자를 찾아 줄로 이으세요.

 ①  ②  ③  ④

㉠ 革 가죽 혁   ㉡ 非 아닐 비   ㉢ 靑 푸를 청   ㉣ 食 밥 식

🐞 부수자를 넣어 한자를 완성하고, 부수자의 뜻과 음을 읽어 보세요.

사이 간	눈 설	한국 한	은 은
⑤ 	⑥ 	⑦ 	⑧ 
문 문	비 우	다룸 가죽 위	쇠 금

🐞 정답

①㉣ ②㉡ ③㉢ ④㉠ ⑤門 문 문 ⑥雨 비 우 ⑦韋 다룸 가죽 위 ⑧金 쇠 금

신나게 노래를 따라 부르며 부수를 익혀 봅시다.

거푸집에 쇳물 부어, 쇠 **금** | 머리카락 길게 자란, 어른 **장** |
양쪽 문이 달린, 문 **문** | 흙더미가 층층 쌓인, 언덕 **부** |

드디어 꼬리 잡은, 미칠 **이** | 새날개 그린, 새 **추** |
하늘에서 빗방울이 후두둑, 비 **우** | 우물가에 피어난 어린 싹, 푸를 **청** |

반대로 향한 날갯짓, 아닐 **비** | 눈, 코, 입 얼굴 모양, 낯 **면** |
짐승 가죽 모양, 가죽 **혁** | 부드럽게 만든 가죽, 다룸 가죽 **위** |

가늘고 여린 부추, 부추 **구** | 악기 부는 입모양, 소리 **음** |
정수리에서 목까지, 머리 **혈** | 실바람에도 날아가는 벌레, 바람 **풍** |

소복이 담긴 밥그릇, 밥 **식** | 동그란 눈에 머리카락이, 머리 **수** |
그릇에 담긴 곡식 냄새, 향기 **향** | 헷갈리는 부수를 다시 한 번 |

가죽을 뜻하는 가죽 **위**, 가죽 **혁** | 머리를 뜻하는 머리 **수**, 머리 **혈** |
새 모양 새 **추**, 아닐 **비** | 모두 다 신나게 다시 한 번 더! 더! 더!

10~11획

MP3_08
QR코드를 스캔하여 노래를 따라 불러 봅시다.

말 마

馬馬馬馬馬馬馬馬馬馬 / 马马马

馬	馬	馬
马	马	马

💡 말의 머리와 큰 눈, 멋진 갈기와 발, 꼬리 모양을 본뜬 글자.
'말의 종류', '말의 행동' 등과 관련되어 쓰여요.

💡 駁 얼룩말 박　驚 놀랄 경

* '马'는 '馬'를 간단하게 쓴 글자예요.

뼈 골

骨骨骨骨骨骨骨骨骨骨

骨	骨	骨
骨	骨	骨

💡 살이 붙어 있는 뼈를 그린 글자.
뼈와 관련된 신체 부위의 명칭이나 뼈로 만든 물건 등과 관계 있어요.

💡 骨 뼈 골　體 몸 체

높을 고

高高高高高高高高高高

高	高	高
高	高	高

💡 성위에 높이 치솟은 망루 모양을 본떠 '높다'의 뜻을 나타낸 글자.

💡 高 높을 고

늘어질 표

髟 髟 髟 髟 髟 髟 髟 髟 髟 髟

髟	髟	髟
髟	髟	髟

💡 길 장(長)과 터럭 삼(彡)이 결합한 글자로 긴 머리카락이 늘어짐을 뜻해요. '머리카락'이나 '수염'과 관계 있어요.

💡 髟 터럭 발

싸울 투 두 각

鬥 鬥 鬥 鬥 鬥 鬥 鬥 鬥 鬥 鬥

鬥	鬥	鬥
鬥	鬥	鬥

💡 두 사람이 주먹을 불끈 잡아 쥐고 맨 손으로 싸우는 모습에서 '싸우다', '다투다'의 뜻을 표현했어요.

💡 鬪 싸울 투   鬧 시끄러울 료

울창주 창

鬯 鬯 鬯 鬯 鬯 鬯 鬯 鬯 鬯 鬯

鬯	鬯	鬯
鬯	鬯	鬯

💡 그릇에 찰기장과 울금향을 넣어 담근 술을 거르는 모습을 본뜬 글자. 울창주는 향초를 넣은 술로 제사를 지낼 때 사용했던 술이에요.

💡 鬱 답답할 울

솥 력 격

鬲鬲鬲鬲鬲鬲鬲鬲鬲

鬲	鬲	鬲
鬲	鬲	鬲

💡 흙으로 빚은 다리가 세 개 달린 큰 솥의 모양을 본뜬 글자. 불을 지필 수 있는 다리와 뚜껑이 있는 '솥'에서 '삶다'는 뜻이 생겼어요.

💡 鬲 솥 력

귀신 귀

鬼鬼鬼鬼鬼鬼鬼鬼鬼鬼

鬼	鬼	鬼
鬼	鬼	鬼

💡 얼굴에 커다란 가면을 쓴 사람의 모습을 그린 글자. 머리의 모습을 크게 그려 살아있는 사람과는 다른 존재인 '귀신'을 표현했어요.

💡 鬼 귀신 귀

물고기 어

魚魚魚魚魚魚魚魚魚魚魚 / 鱼鱼鱼鱼鱼鱼鱼鱼

魚	魚	魚
鱼	鱼	鱼

💡 물고기의 머리, 몸통, 지느러미와 비늘, 꼬리 등의 모양을 본뜬 글자. '물고기 종류'나 '물에 사는 생물', '물고기의 특징' 등과 관련되어 쓰여요.

💡 魚 물고기 어

＊ '鱼'는 '魚'를 간단하게 쓴 글자예요.

새 조

鳥鳥烏烏烏烏烏烏烏烏烏 / 鸟鸟鸟鸟鸟

鳥 鳥 鳥
鸟 鸟 鸟

💡 부리, 눈, 꽁지, 발을 갖춘 새의 전체 모습을 그린 글자. '새의 종류', '새의 동작' 등과 관련되어 쓰여요.

💡 鷄 닭 계

* '鸟'는 '鳥'를 간단하게 쓴 글자예요.

소금 로

卤卤卤卤卤卤卤卤卤卤卤

鹵 鹵 鹵
卤 卤 卤

💡 바구니에 담긴 소금을 나타낸 글자. '소금', '소금밭', '짜다'의 뜻을 담고 있어요.

💡 鹽 소금 염

* '卤'는 '鹵'를 간단하게 쓴 글자예요.

사슴 록

鹿鹿鹿鹿鹿鹿鹿鹿鹿鹿鹿

鹿 鹿 鹿
鹿 鹿 鹿

💡 사슴의 화려한 뿔과 머리, 몸통, 다리 등의 모양을 본뜬 글자. '사슴'의 종류나 사슴과에 속하는 동물, 혹은 '사슴의 특징' 등과 관련되어 쓰여요.

💡 麗 고울 려

麥麥麥麥麥麥麥麥麥麥麥
麦麦麦麦麦麦麦

보리 맥

麥　麥　麥

麦　麦　麦

💡 보리의 이삭과 잎(来), 추운 겨울에도 잘 자랄 수 있도록 깊게 내린 뿌리의 모양(夂)을 본뜬 글자.
'보리', '밀', '보리나 밀로 만든 음식' 등과 관련되어 쓰여요.

💡 麥 보리 맥

* '麦'는 '麥'을 간단하게 쓴 글자예요.

麻麻麻麻麻麻麻麻麻麻麻

삼 마

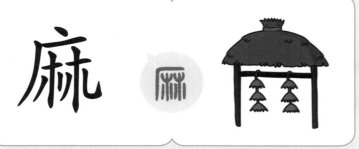

麻　麻　麻

麻　麻　麻

💡 벗겨낸 삼 껍질을 언덕에 널어놓고 말리는 모습을 본뜬 글자.
'삼'은 여름에 시원하게 입을 수 있는 옷감인 삼베의 재료로 쓰여요.

💡 麻 삼 마

* '麻'는 '麻'를 간편하게 쓴 글자예요.

🐞 도움말

말 마(馬)　옛날에 말(馬)과 수레(車)는 전쟁을 할 때 사람이나 물건을 실어 나르는데 매우 중요한 수단이었어요.

울창주 창(鬯)　울창주는 튤립(울금향)을 넣어서 빚은 향기 나는 술을 말해요. 튤립을 '울초'라고 해요.

보리 맥(麥)　'來(올 래)'는 본래 보리 이삭과 잎의 모양을 표현한 글자예요. 후에 '오다'라는 뜻으로 쓰이게 되었어요.

🐞 다음 그림에 알맞은 부수자를 찾아 줄로 이으세요.

 ①    ②    ③    ④

ㄱ 高 높을 **고**   ㄴ 鹿 사슴 **록**   ㄷ 鬼 귀신 **귀**   ㄹ 麥 보리 **맥**

🐞 부수자를 넣어 한자를 완성하고, 부수자의 뜻과 음을 읽어 보세요.

얼룩말 박	터럭 발	싸울 투	닭 계
⑤ 	⑥	⑦ 	⑧ 

말 **마**   늘어질 **표**   싸울 **투 두 각**   새 **조**

🐞 **정답**

① ㄹ ② ㄱ ③ ㄴ ④ ㄷ ⑤ 馬 말 마 ⑥ 髟 늘어질 표 ⑦ 鬥 싸울 투/두/각 ⑧ 鳥 새 조

MP3_08

신나게 노래를 따라 부르며 부수를 익혀 봅시다.

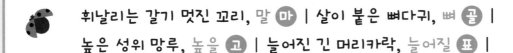

휘날리는 갈기 멋진 꼬리, 말 (마) | 살이 붙은 뼈다귀, 뼈 (골) |
높은 성위 망루, 높을 (고) | 늘어진 긴 머리카락, 늘어질 (표) |

주먹 쥐고 싸우는, 싸울 (투) | 향기로운 술 거르는, 울창주 (창) |
다리 셋 달린 솥 모양, 솥 (력) | 커다란 가면 쓴, 귀신 (귀) |

팔딱팔딱 물고기, 물고기 (어) | 부리에서 꽁지털까지, 새 (조) |
바구니에 담긴 소금, 소금 (로) | 화려한 뿔 가진, 사슴 (록) |

뿌리 깊게 내린 보리, 보리 (맥) | 삼 껍질 넣어 말리는, 삼 (마) |
히잉 히잉, 말 (마), 잡았다 물고기, 물고기 (어) |
모두 다 신나게 다시 한 번 더! 더! 더!

12~17획

MP3_09

QR코드를 스캔하여 노래를 따라 불러 봅시다.

黃 黃 黃 黃 黃 黃 黃 黃 黃 黃 黃 黃
黃 黃 黃 黃 黃 黃 黃 黃 黃 黃 黃

누를 황

黃

黃	黃	黃
黃	黃	黃

💡 노란 옥을 실로 꿰어 매듭지은 아름다운 노리개를 본뜬 글자.

💡 黃 누를 황

黍 黍 黍 黍 黍 黍 黍 黍 黍 黍 黍 黍

기장 서

黍

黍	黍	黍
黍	黍	黍

💡 이삭 숙인 곡식(禾)과 물(水)이 결합된 글자로, 술을 만들기에 가장 좋은 곡식인 '기장'을 표현했어요.

💡 黎 검을 려

黑 黑 黑 黑 黑 黑 黑 黑 黑 黑 黑 黑

검을 흑

黑

黑	黑	黑
黑	黑	黑

💡 얼굴에 '묵형'을 당한 죄인의 모습, 또는 불을 땔 때의 그을음이 창문이나 굴뚝에 묻어 있음을 표현한 글자. 검은 빛이나 검은 것이 상징하는 뜻과 관계 있어요.

💡 點 점 점

바느질할 치

黹 黹 黹 黹 黹 黹 黹 黹 黹 黹 黹 黹

黹	黹	黹
黹	黹	黹

💡 위아래의 옷감을 바느질하여 연결한 모양을 본뜬 글자. '바느질하다', '수놓다'는 뜻이 있어요.

💡 黼 수놓을 보

맹꽁이 맹 민

黽 黽 黽 黽 黽 黽 黽 黽 黽 黽 黽 黽 黽
黾 黾 黾 黾 黾 黾 黾 黾

黽	黽	黽
黾	黾	黾

💡 위에서 본 맹꽁이의 모양을 본뜬 글자. '자라', '거미' 등의 글자에 쓰여요.

💡 黽 힘쓸 민 / 맹꽁이 맹 / 고을 이름 면
* '黾'은 '黽'을 간단하게 쓴 글자예요.

솥 정

鼎 鼎 鼎 鼎 鼎 鼎 鼎 鼎 鼎 鼎 鼎 鼎 鼎

鼎	鼎	鼎
鼎	鼎	鼎

💡 세 발과 볼록한 배, 두 귀를 가진 청동으로 만든 '솥'을 표현한 글자. 청동기는 아무나 가질 수 없는 것이었기에 '왕권', '권력', '고귀한 신분'을 상징해요. '솥의 부분', '솥의 종류' 등에 쓰여요.

💡 鼎 솥 정

북 고

鼓 鼓 鼓 鼓 鼓 鼓 鼓 鼓 鼓 鼓 鼓 鼓 鼓

| 鼓 | 鼓 | 鼓 |
| 鼓 | 鼓 | 鼓 |

💡 받침대 위에 올려놓은 윗부분에 장식이 달린 북[효]과 손에 북채를 들고[支] 치는 모습을 본떠 만든 글자. '북의 종류'나 '북 치는 소리' 등과 관련되어 쓰여요.

💡 鼓 북 고

쥐 서

鼠 鼠 鼠 鼠 鼠 鼠 鼠 鼠 鼠 鼠 鼠 鼠 鼠

| 鼠 | 鼠 | 鼠 |
| 鼠 | 鼠 | 鼠 |

💡 '쥐'의 이빨, 배 및 네 발, 꼬리 모양을 본뜬 글자. 쥐는 구멍을 잘 파기 때문에 구멍을 파고 사는 동물을 대표해요. 쥐나 쥐와 비슷한 동물인 다람쥐, 두더지 등을 표현할 때 쓰여요.

💡 鼢 두더지 분

코 비

鼻 鼻 鼻 鼻 鼻 鼻 鼻 鼻 鼻 鼻 鼻 鼻 鼻 鼻

| 鼻 | 鼻 | 鼻 |
| 鼻 | 鼻 | 鼻 |

💡 코를 그린 自(스스로 자) 와 畀(줄 비)가 결합된 글자. 코는 시작을 상징하고, 코의 기능과 관련되어 쓰여요.

💡 齅 냄새 맡을 후

齊齊齊齊齊齊齊齊齊齊齊齊齊齊
齐齐齐文齐齐

가지런할 제

齊	齊	齊
齐	齐	齐

 보리 이삭이 가지런하게 자란 모습을 본뜬 글자.
곡식을 가꾸고 돌본다는 데서 '다스리다', '가지런하다', '바르게
정돈된' 등의 뜻을 담고 있어요.

💡 齊 가지런할 제

* '齐'는 '齊'를 간단하게 쓴 글자예요.

齒齒齒齒齒齒齒齒齒齒齒齒齒齒齒
齿齿齿齿齿齿齿齿

이 치

齒	齒	齒
齿	齿	齿

💡 입 안에 '앞니'가 나란히 난 모양에 止(그칠 지)가 결합된 글자.
씹고 깨물 수 있는 '이의 기능', '나이' 등과 관련되어 쓰여요.

💡 齒 이 치

* '齿'는 '齒'를 간단하게 쓴 글자예요.

龍龍龍龍龍龍龍龍龍龍龍龍龍龍龍龍
龙龙尤龙龙

용 룡

龍	龍	龍
龙	龙	龙

💡 뿔과 쩍 벌린 입, 몸통을 꿈틀거리며 날아오르는 상상의 동물인
'용'을 그린 글자.
'임금', '신비함', '크고 높음' 등의 뜻을 담고 있어요.

💡 龍 용 룡

* '龙'는 '龍'을 간단하게 쓴 글자예요.

龜龜龜龜龜龜龜龜龜龜龜龜龜龜龜龜
龟龟龟龟龟龟龟

거북 귀 갈라질 균

龜	龜	龜
龟	龟	龟

💡 볼록 내민 머리, 갈라진 무늬가 있는 등딱지, 꼬리, 네 발로 기어 가는 '거북'의 모양을 본뜬 글자.
거북등의 갈라진 틈에서 '갈라지다', '터지다'의 뜻이 생겼어요.

💡 龜 거북 귀 / 갈라질 균 / 땅이름 구
* '龟'는 '龜'를 간단하게 쓴 글자예요.

龠龠龠龠龠龠龠龠龠龠龠龠龠龠龠龠

피리 약

龠	龠	龠
龠	龠	龠

💡 대나무에 구멍을 내어 나란하게 묶어 놓은 악기의 모양을 본 뜬 글자.

💡 龢 화할 화

🐞 도움말

누를 황(黃)	중국 고대 문명이 일어난 황하유역의 땅 빛깔을 '노랗다', '누렇다'라고 표현했어요.
검을 흑(黑)	'묵형'은 옛날 중국에서 얼굴이나 팔뚝의 살을 따고 흠을 내어 검은 먹물로 자신의 죄를 새겨 넣던 형벌을 말해요.
북 고(鼓)	북을 치는 모습에서 '북', '북을 치다' 는 뜻이 생겼어요. 북의 종류나 북을 칠 때 나는 소리 등과 관련되어 쓰여요. '북'은 사람들의 자신감을 높이고 신을 즐겁게 하는 악기에요.
이 치(齒)	'齒'는 앞니를, 'ヲ'는 송곳니, 어금니를 표현한 글자예요.
거북 귀(龜)	옛사람들은 거북을 오래 사는 인간이 알 수 없는 것을 알려주는 신비한 동물로 생각했어요. 그래서 거북의 껍데기로 좋은 일이 생길지 나쁜 일이 생길지 거북점을 쳤어요. 여기에서 '본받다'라는 뜻도 생겼어요.

🐞 다음 그림에 알맞은 부수자를 찾아 줄로 이으세요.

 ①  ②  ③  ④

ㄱ 齒 이 치

ㄴ 龍 용 룡

ㄷ 鼻 코 비

ㄹ 鼓 북 고

🐞 부수자를 넣어 한자를 완성하고, 부수자의 뜻과 음을 읽어 보세요.

검을 려	점 점	화할 화	두더지 분
⑤ 黍	⑥ 點	⑦ 龢	⑧ 鼢
기장 서	검을 흑	피리 약	쥐 서

🐞 정답

① ㄴ ② ㄹ ③ ㄷ ④ ㄱ ⑤黍 기장 서 ⑥黑 검을 흑 ⑦龠 피리 약 ⑧鼠 쥐 서

신나게 노래를 따라 부르며 부수를 익혀 봅시다.

옥구슬 꿰어 만든 노리개, 누를 황 | 이삭 패어 고개 숙인, 기장 서 |
그을음 묻은 얼굴, 검을 흑 | 바느질해 기운 옷감, 바느질할 치 |

맹맹 맹꽁이, 맹꽁이 맹 | 청동으로 만든 귀한 솥, 솥 정 |
장식 달린 북을 치는, 북 고 | 찍찍 쥐 모양, 쥐 서 |

콧바람 슝슝, 코 비 | 보리 이삭 가지런히, 가지런할 제 |
나란히 난 앞니 모양, 이 치 | 꿈틀꿈틀 날아오르는, 용 룡 |

갈라진 등딱지 볼록 나온 머리발, 거북 귀 | 대나무 묶어 만든 피리, 피리 약 |
획순이 많아도 하나도 안 어려워 | 모두 다 신나게 다시 한 번 더! 더! 더!

부수 한자

모아보기

1획

一	丨	丶	丿	乙(乚)	亅
한 일	뚫을 곤	점 주	삐침 별	새 을	갈고리 궐

2획

二	亠	人(亻)	儿	入	八	冂	冖	冫
두 이	머리 부분 두	사람 인	걷는 사람 인	들 입	여덟 팔	멀 경	덮을 멱	얼음 빙

几	凵	刀(刂)	力	勹	匕	匚	匸	十
안석 궤	입 벌릴 감	칼 도	힘 력	쌀 포	비수 비	상자 방	감출 혜	열 십

卜	卩(㔾)	厂	厶	又
점 복	병부 절	언덕 엄	사사 사	또 우

3획

口	囗	土	士	夂	夊	夕	大	女
입 구	에울 위	흙 토	선비 사	뒤져 올 치	천천히 걸을 쇠	저녁 석	큰 대	여자 녀

子	宀	寸	小	尢(尣兀)	尸	屮	山	川(巛)
아들 자	집 면	마디 촌	작을 소	절름발이 왕	주검 시	싹 철	산(뫼) 산	내 천

工	己	巾	干	幺	广	廴	廾	弋
장인 공	몸 기	수건 건	방패 간	작을 요	집 엄	길게 걸을 인	받들 공	주살 익

弓	彐(彑)	彡	彳
활 궁	돼지 머리 계	터럭 삼	조금 걸을 척

心(忄/㣺)	戈	戶	手(扌)	支	攴(攵)	文	斗	斤
마음 심	창 과	지게(집) 호	손 수	지탱할 지	칠 복	글월 문	말 두	도끼 근

方	无(旡)	日	曰	月	木	欠	止	歹(歺)
모 방	없을 무	날 일	가로 왈	달 월	나무 목	하품 흠	그칠 지	뼈 앙상할 알

殳	毋	比	毛	氏	气	水(氵/氺)	火(灬)	爪(爫)
칠 수	말 무	견줄 비	털 모	성씨 씨	기운 기	물 수	불 화	손톱 조

父	爻	爿	片	牙	牛(牜)	犬(犭)
아비 부	점괘 효	조각 장	조각 편	어금니 아	소 우	개 견

玄	玉(王)	瓜	瓦	甘	生	用	田	疋(⺪)
검을 현	구슬 옥	오이 과	기와 와	달 감	날 생	쓸 용	밭 전	발 소

疒	癶	白	皮	皿	目	矛	矢	石
병들 녁	걸을 발	흰 백	가죽 피	그릇 명	눈 목	창 모	화살 시	돌 석

示(礻)	内	禾	穴	立
보일 시	발자국 유	벼 화	구멍 혈	설 립

6획

竹(⺮)	米	糸(糹)	缶	网(罒)	羊	羽	老(耂)	而
대 죽	쌀 미	실 사/멱	장군 부	그물 망	양 양	깃 우	늙을 로	말 이을 이

耒	耳	聿	肉(⺼)	臣	自	至	臼	舌
쟁기 뢰	귀 이	붓(오직) 율	고기 육	신하 신	스스로 자	이를 지	절구 구	혀 설

舛	舟	艮	色	艸(⺿)	虍	虫	血	行
어그러질 천	배 주	그칠 간	빛 색	풀 초	범의 무늬 호	벌레 충/훼	피 혈	다닐 행

衣(衤)	西(覀)
옷 의	덮을 아

7획

見	角	言	谷	豆	豕	豸	貝	赤
볼 견	뿔 각	말씀 언	골 곡	콩(제기) 두	돼지 시	해태 치	조개 패	붉을 적

走	足(⻊)	身	車	辛	辰	辵(辶)	邑(阝)	酉
달릴 주	발 족	몸 신	수레 차/거	매울 신	별 진/때 신	쉬엄쉬엄 갈 착	고을 읍	닭 유

采	里
분별할 변	마을 리

8획

金	長	門	阜(阝)	隶	佳	雨	靑	非
쇠 금/성 김	길(어른) 장	문 문	언덕 부	미칠 이	새 추	비 우	푸를 청	아닐 비

9획

面	革	韋	韭	音	頁	風	飛	食(飠飢)
낯 면	가죽 혁	다룸 가죽 위	부추 구	소리 음	머리 혈/페이지엽	바람 풍	날 비	밥 식

首	香
머리 수	향기 향

10획

馬	骨	高	髟	鬥	鬯	鬲	鬼
말 마	뼈 골	높을 고	늘어질 표	싸울 투/두/각	울창주 창	솥 력/격	귀신 귀

11획

魚	鳥	鹵	鹿	麥	麻
물고기 어	새 조	소금 로	사슴 록	보리 맥	삼 마

12획

黃	黍	黑	黹
누를 황	기장 서	검을 흑	바느질할 치

13획

黽	鼎	鼓	鼠
맹꽁이 맹/민	솥 정	북 고	쥐 서

14획

鼻	齊
코 비	가지런할 제

15획

齒
이 치

16획

龍	龜
용 룡	거북 귀/갈라질 균

17획

龠
피리 약

근원별 부수 모아보기

한자가 만들어진 원리에 따라 부수를 분류하였습니다. 이렇게 하면, 획순에 따라 익힌 낱낱의 한자를 통합적이고 연계적으로 학습할 수 있습니다.
여기에 표현된 한자의 뜻은 자원(字源)을 이해하는 데 도움이 되도록 쓰였습니다.

1 숫자나 필획 관련 부수

一	한 일	二	두 이	八	여덟 팔
十	열 십	丨	뚫을 곤	丶	불똥 주
亅	갈고리 궐	亠	머리 부분 두		

2 사람에 관련된 부수

사람의 자세와 생김새

人(亻) 사람 인		儿	걷는 사람 인	匕	비수 비
比	견줄 비	勹	쌀 포	卩(㔾) 병부 절	
色	빛 색	大	큰 대	尢(尣) 절름발이 왕	
无(旡) 없을 무		立	설 립	文	글월 문
黑	검을 흑	疒	병들 녁	尸	주검 시
老(耂) 늙을 로		長	길 장	髟	늘어질 표
赤	붉을 적	走	달아날 주	鬥	싸울 투
女	여자 녀	毌	말 무	子	아들 자
己	몸 기	身	몸 신	鬼	귀신 귀

얼굴과 마음

目	눈 목	臣	신하 신	見	볼 견
艮	그칠 간	面	낯 면	首	머리 수
頁	머리 혈	自	스스로 자	鼻	코 비
耳	귀 이	而	말 이을 이	心(忄/㣺) 마음 심	

입

口	입 구	曰	가로 왈	甘	달 감
舌	혀 설	言	말씀 언	音	소리 음
齒	이 치	牙	어금니 아	欠	하품 흠

손

厶	사사 사	寸	마디 촌	又	또 우
攴(攵)	칠 복	殳	칠 수	支	지탱할 지
爪(爫)	손톱 조	聿	붓 율	隶	미칠 이
手(扌)	손 수	廾	받들(양손) 공		

발

止	그칠 지	足(𧾷)	발 족	疋(𤴓)	발 소
夂	뒤져 올 치	夊	천천히 걸을 쇠	癶	걸을 발
舛	어그러질 천	韋	다룸 가죽 위	廴	길게 걸을 인
辵(辶)	쉬엄쉬엄 갈 착	彳	조금 걸을 척	行	다닐 행

3 자연에 관련된 부수

자연현상과 날씨

小	작을 소	土	흙 토	山	뫼 산
冫	얼음 빙	水(氵/氺)	물 수	川(巛)	내 천
火(灬)	불 화	日	해 일	白	흰 백
夕	저녁 석	月	달 월	气	기운 기
雨	비 우				

지형 –땅의 생김새와 쓰임

冂	멀 경	凵	구덩이 감	厂	언덕 엄
谷	골 곡	阜(阝)	언덕 부	邑(阝)	고을 읍
囗	에울 위	田	밭 전	里	마을 리

돌과 금속

石	돌 석	玉(王)	옥 옥	黃	누를 황
金	쇠 금				

식물

乙(乚)	굽을 을	屮	싹 철	艸	풀 초
生	날 생	靑	푸를 청	齊	가지런할 제
韭	부추 구	瓜	오이 과	竹(⺮)	대 죽
木	나무 목	爿	조각 장	片	조각 편
氏	뿌리 씨	禾	벼 화	香	향기 향
麥	보리 맥	黍	기장 서	麻	삼 마

동물

鳥	새 조	隹	새 추	羽	깃 우
非	아닐 비	飛	날 비	風	바람 풍
犬(犭)	개 견	牛(牜)	소 우	馬	말 마
羊	양 양	豕	돼지 시	豸	해태 치
鹿	사슴 록	鼠	쥐 서	龍	용 룡
黽	맹꽁이 맹	龜	거북 귀	虍	범의 무늬 호
貝	조개 패	辰	조개 신	魚	물고기 어
虫	벌레 훼 (충)	内	짐승 발자국 유	釆	분별할 변
彐(彑)	돼지 머리 계	角	뿔 각	彡	터럭 삼
毛	털(터럭) 모	皮	가죽 피	革	가죽 혁
肉(⺼)	고기 육	骨	뼈 골	歹(歺)	뼈 앙상할 알

4 생활에 관련된 부수

실과 옷감

幺	작을 요	玄	검을 현	糸(糹)	가는 실 사
巾	헝겊 건	黹	바느질할 치	衣(衤)	옷 의

그릇과 음식

皿	그릇 명	豆	굽 높은 그릇(제기) 두	缶	장군 부
酉	술그릇 유	鬯	울창주 창	鬲	솥 력
鼎	솥 정	鹵	소금 로	食	밥 식

주거생활

冖	덮을 멱	入	들 입	宀	집 면
广	집 엄	穴	굴(동굴) 혈	戶	외짝 문 호
門	문 문	高	높을 고		

제사와 점

卜	점 복	爻	점괘 효	示(礻)	보일 시
血	피 혈				

악기

鼓	북 고	龠	피리 약

농기구와 생활 용품

力	힘 력	方	모 방	耒	쟁기 뢰
工	장인 공	斗	말 두	用	쓸 용
臼	절구 구	匚	상자 방	匸	감출 혜
几	안석 궤	襾(西)	덮을 아	网	그물 망

칼과 무기

刀(刂)	칼 도	斤	도끼 근	士	선비 사
弓	활 궁	矢	화살 시	弋	주살 익
戈	창 과	矛	창 모	干	방패 간
至	이를 지	辛	매울 신		

운송 수단

車	수레 거(차)	舟	배 주

번체자	간체자	뜻과 음
見	见	볼 견
車	车	수레 거(차)
門	门	문 문
頁	页	머리 혈 / 페이지 엽
飛	飞	날 비
黃	黄	누를 황
鳥	鸟	새 조
麥	麦	보리 맥
齊	齐	가지런할 제
龍	龙	용 룡
骨	骨	뼈 골
靑	青	푸를 청
貝	贝	조개 패
長	长	길 장
韋	韦	다룸 가죽 위

번체자	간체자	뜻과 음
風	风	바람 풍
馬	马	말 마
魚	鱼	물고기 어
鹵	卤	소금 로
黽	黾	맹꽁이 맹(민)
齒	齿	이 치
龜	龟	거북 귀(균)
角	角	뿔 각
鬲	鬲	솥 력(격)
金	钅	쇠 금
爿	丬	조각 장
食	饣	밥 식
言	讠	말씀 언
糸	纟	실 사
臣	刂	신하 신

알아두세요
'金', '爿', '食', '言', '臣' 부수는 다른 글자와 결합하여 왼쪽에 쓰일 때만 글자의 모양이 바뀌어요.

HNK 8급 한자 모아보기

※ ( )는 한자의 뜻을 이해하는 데 목적을 둔 표현입니다.
※ 한어병음은 중국어 발음 표기법입니다.

한자	훈음	한어병음
ㄱ		
口	입 구	kǒu
九	아홉 구	jiǔ
金	쇠 금, 성 김	jīn
ㄴ		
南	남녘(남쪽) 남	nán
男	사내 남	nán
女	여자 녀	nǚ
ㄷ		
大	큰 대	dà
東 东	동녘(동쪽) 동	dōng
ㄹ		
六	여섯 륙	liù
ㅁ		
母	어미(어머니) 모	mǔ
木	나무 목	mù
門 门	문 문	mén
ㅂ		
百	일백(100) 백	bǎi
父	아비(아버지) 부	fù
北	북녘(북쪽) 북	běi
ㅅ		
四	넉(넷) 사	sì
山	산(뫼, 메) 산	shān
三	석(셋) 삼	sān
上	위 상	shàng
西	서녘(서쪽) 서	xī
小	작을 소	xiǎo
水	물 수	shuǐ
十	열 십	shí

한자	훈음	한어병음
ㅇ		
五	다섯 오	wǔ
王	임금 왕	wáng
月	달 월	yuè
二	두(둘) 이	èr
人	사람 인	rén
一	한(하나) 일	yī
日	날, 해 일	rì
ㅈ		
子	아들 자	zǐ
弟	아우(동생) 제	dì
中	가운데 중	zhōng
ㅊ		
千	일천(1,000) 천	qiān
七	일곱 칠	qī
ㅌ		
土	흙 토	tǔ
ㅍ		
八	여덟 팔	bā
ㅎ		
下	아래 하	xià
兄	맏(형) 형	xiōng
火	불 화	huǒ

간체자(2字)		
东 東	동녘(동쪽) 동	
门 門	문 문	

낱말의 뜻

1. 녁 ① 쪽(방향을 가리키는 말) ② 어떤 때의 무렵

한자의 이해

1 한자의 유래와 요소

1 한자의 유래

한자의 초기 형태를 살펴보면, 글자들의 대부분이 사물의 구체적인 모양을 본떴으며, 글자의 소리는 물체에서 나는 소리와 그 울림을 취해 만들어졌습니다.

> **Tip**
> '鼎(솥 정)'은 청동으로 만든 의식용 솥의 모양을 본뜬 글자인데,
> 솥의 울림소리인 '지~엉~'을 가져다가 그 글자의 음으로 삼았다.

2 한자의 구성 요소

한자는 소리글자인 한글이나 영어와는 달리 특정한 사물이나 개념을 하나의 글자로 나타낸 뜻글자입니다. 따라서 각각의 한자는 모양(形)과 소리(音)와 뜻(義)으로 구성되어 있습니다.

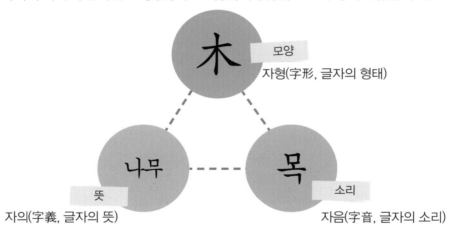

이와 같은 한자는 오랜 세월을 두고 여러 사람의 창의와 연구에 의해서 발전되었고, 사람들의 생활양식이 발달함에 따라 그 글자 수도 늘어났습니다. 뿐만 아니라, 시대 변천과 지역적인 차이에 의해서도 한자의 모양·뜻·발음에 변화가 생겨 지금처럼 다양화 되었습니다.

3 한자 글꼴의 변천 과정

한자의 글씨체는 사물의 형태와 비슷한 그림으로부터 차츰 쓰기에 간편하고 편리한 점이나 선으로 바뀌었습니다. 특히 1960년대 이후 중국에서는 일상생활에서 많이 쓰이는 한자 2,235자를 상용한자로 정하고, 그 중에서 17획이 넘는 한자의 획수를 대폭 줄여 만든 간체자를 쓰고 있습니다. 간체자는 현재 중국의 표준 한자이며, UN의 공식 문서에도 사용하는 문자입니다. 간체자는 번체자에서 번잡한 부분을 떼어버리고 간략하게 줄여서 탄생한 글씨체로, 그 한자의 뜻과 음은 변화가 없습니다.

갑골문에서 간체자까지

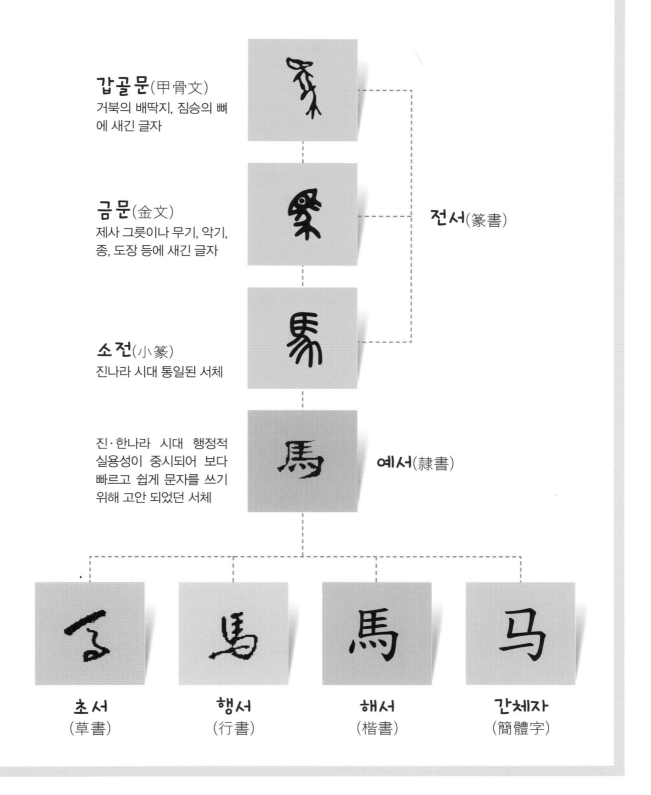

갑골문(甲骨文)
거북의 배딱지, 짐승의 뼈에 새긴 글자

금문(金文)
제사 그릇이나 무기, 악기, 종, 도장 등에 새긴 글자

전서(篆書)

소전(小篆)
진나라 시대 통일된 서체

진·한나라 시대 행정적 실용성이 중시되어 보다 빠르고 쉽게 문자를 쓰기 위해 고안 되었던 서체

예서(隷書)

초서
(草書)

행서
(行書)

해서
(楷書)

간체자
(簡體字)

2 한자의 구성 원리

후한 때 허신은 『설문해자』 저술을 통해 당시에 사용되고 있던 9,353자를 분석하여 540部로 체계화 하고, 이를 '육서(六書)'로 분류하여 한자의 구성 원리를 설명하였습니다. 육서란, 한자를 만들고 활용하는 여섯 가지 원리·방법을 말하며, 아래 여섯 가지로 분류할 수 있습니다.

1 상형 (象形 : 모양 본뜸 글자)
구체적인 사물의 모양을 본뜬 글자로 그 모양을 보면 뜻을 짐작할 수 있는 것이 특징입니다.

★상형자의 변형과정

ㄱ → ㅋ → 人 (사람 인)

ㄱ → 朩 → 木 (나무 목)

2 지사 (指事 : 기호글자, sign글자)
모양으로 나타낼 수 없는 추상적인 생각이나 뜻을 상형의 방법에 바탕을 두고 점이나 선을 넣어 나타낸 글자입니다.

★지사자의 변형과정

二 → 二 → 上 (위 상)

二 → 二 → 下 (아래 하)

옴 → 우 → 旦 (아침 단)

3 회의 (會意 : 뜻모음 결합글자)

두 글자 이상 결합하여 새로운 뜻과 음으로 나타낸 글자입니다.

 从(좇다, 종)   =   人(사람 인) + 人(사람 인)
뒷 사람이 앞 사람을 따라 좇아가는 모습

 众(무리, 중)   =   人(사람 인) + 人(사람 인) + 人(사람 인)
많은 사람을 셋으로 표현한 모습

* 한국에서 쓰는 한자는 '從'이지만, 원래 한자는 중국어 간체자와 같은 '从'이었습니다.
* 한국에서 쓰는 한자는 '衆'이지만, 원래 한자는 중국어 간체자와 같은 '众'이었습니다.

4 형성 (形聲 : 뜻소리 결합글자)

이미 만들어진 글자를 결합해서 그 글자의 한 부분은 뜻을, 다른 한 부분은 소리를 나타낸 글자입니다.

 問(묻다 문)   =   口(입) + 門(문 문)

 聞(듣다 문)   =   耳(귀) + 門(문 문)

5 전주 (轉注 : 뜻보탬 글자)

이미 만들어진 글자의 본래 뜻을 확대하여 새로운 뜻을 나타내는 글자로 바꾸어 사용하는 방법입니다.

 樂 풍류 악 → 즐거울 락/ 좋아할 요
① 풍류 악[악기를 상형한 모양으로 본래 악기를 나타냄] – 音樂(음악)
② 즐거울 락[노래하고 악기를 연주하는 일은 즐겁다] – 娛樂(오락)
③ 좋아할 요[누구나 즐거운 것은 좋아한다] – 樂山樂水(요산요수)

 惡 나쁠 악 → 미워할 오
① 나쁠 악[비뚤어진 마음의 상징] – 善惡(선악)
② 미워할 오[나쁜 것은 사람들이 미워하고 싫어한다] – 憎惡(증오)

6 가차 (假借 : 빌림 글자)

어떤 특정의 고유명사나 외래어·의성어·의태어를 나타낼 때, 새로운 개념의 낱말을 표현하려고 할 때, 이미 만들어진 한자 중에서 음이나 뜻을 빌려 사용하는 방식입니다.

01 고유명사 · 외래어

首尔(서울) = Seoul

巴利(파리) = Paris

亞細亞(아세아) = ASIA

弗(불, 모양이 비슷해서) = '$'미국화폐

可口可樂(커코우커러, 중국어 발음이 비슷해서) = Coca Cola 코카콜라

02 의성어

丁丁(정정) = 나무 찍는 소리

03 의태어

堂堂(당당) = 의젓하고 모양

04 새로운 뜻의 낱말을 표현하는 경우

革(혁) = 손질한 짐승의 가죽 모양 → 본래의 가죽 모양이 바뀌다 → '고치다'의 뜻으로 쓰임 : 改革(개혁)

豆(두) = 굽이 높은 제사 그릇 모양 → '콩'의 뜻으로 쓰임 : 綠豆(녹두), 赤豆(적두, 팥)

3 한자의 자획과 획순

1 자획(字劃)

'자획'이란 한자의 자형을 이루고 있는 점이나 선을 말합니다. 한자를 쓸 때 붓을 대어 한 번에 긋는 것을 '획'이라고 합니다. 즉 한자를 쓸 때에 한 번 붓을 대어서 뗄 때까지 그어진 점이나 선이 1획이 됩니다. 이러한 점이나 선을 합친 수를 '획수'라고 합니다. 예를 들어 '山'자는 총3획이고, '出'자는 총5획입니다.

01 점으로 된 획

丿 왼점　　　　ヽ 오른점

02 직선으로 된 획

一 가로획　　　丨 세로획　　　亅 왼갈고리　　　乚 오른갈고리

⼂ 평갈고리　　　㇆ 꺾은 갈고리　　　㇇ 오른꺾음　　　㇗ 왼꺾음

03 곡선으로 된 획

丿 삐침　　　乀 파임　　　丿 치킴　　　乀 지게다리

乚 누운지게다리　　㇀ 굽은갈고리　　乚 새가슴　　㇏ 좌우꺾음　　乁 새날개

2 획순(劃順)

'획순'이란 한자를 써 나가는 순서를 말합니다. 필순은 편하게 쓰려고 하다 보니 자연스럽게 다음과 같은 몇 가지 원칙이 생겼습니다.

● 위에서부터 아래로 씁니다.　(예: '석 삼') 二 三 三

● 왼쪽에서 오른쪽으로 씁니다.　(예: '내 천') 丿 川 川

● 삐침과 파임이 있을 때는 삐침부터　(예: '큰 대') 大 大 大

● 가로 획과 세로 획이 있을 때는 가로획부터 씁니다.　(예: '흙 토') 土 土 土

● 둘레를 먼저 쓰고 안쪽의 것을 나중에 씁니다.　(예: '넉 사') 四 四 四 四 四

● 바깥의 것을 먼저 쓰고 안쪽의 것을 나중에 씁니다. (예: '같을 동') 同 同 同 同 同 同

● 안쪽의 것을 먼저 쓰고 바깥쪽의 것(받침)을 나중에 씁니다.　(예: '가까울 근')

近 近 近 近 近 近 近 近

4 부수란 무엇일까?

> **부수** 는 같은 한자 모양이 있는 한자끼리 모아놓고, 질서 있게 분류하기 위해 선정된 대표 한자

1 부수는 어떻게 만들어졌나?

부수(部首)는 수많은 한자를 어떻게 하면 체계적으로 분류 배열할 수 있을까? 고민하는 과정에서 만들어졌습니다. 중국 후한 때 학자 허신은 『설문해자』라는 최초의 한자 자전을 편찬하면서, 당시 통용되던 9,353자 한자의 모양을 체계적으로 분석하여 540部(부·group)로 분류하고, 각 그룹에서 상징적인 역할을 하는 한자를 그 그룹의 우두머리(首)로 삼았습니다.

이렇게 체계를 세운 540부수를 그 후 『자휘』, 『강희자전』 등에서 214부수로 줄여 수만 개의 한자를 체계적으로 분류, 정리하였습니다. 이것이 오늘날 우리가 사용하고 있는 부수 한자입니다.

옆 그림에서 보듯 松(소나무 송)·栢(잣나무 백)·桃(복숭아 도)·桑(뽕나무 상)·梅(매화나무 매)·梧(오동나무 오)·桐(오동나무 동) 등의 한자들은 같은 그룹에 속하며, '木(나무 목)'은 이 한자들을 대표해요. '木' 부수에 속하는 한자들은 '나무의 종류'나 '나무로 만든 물건', '나무의 성질'과 관련되어 있어요.

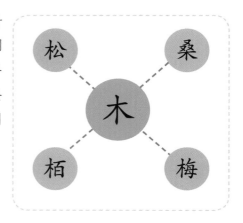

2 부수 학습의 효용

① 아무리 획수가 많은 복잡한 한자라도 부수를 바탕으로 한자 구조를 분석하면 무작정 한자를 외우지 않고 익힐 수 있습니다.

② 이렇게 부수를 중심으로 한자를 공부하게 되면, 한 번 익힌 한자는 잊어버리지 않게 되므로 한자 공부에 흥미를 잃지 않게 됩니다.

③ 부수를 중심으로 "한자가 어떻게 만들어졌나?" 생각하는 과정에서 추리력·사고력·집중력·논리력이 길러집니다.

3 부수 위치에 따른 명칭

부수가 놓이는 위치에 따라 부르는 관습적인 명칭입니다.

01 변(邊)   글자의 왼쪽에 놓이는 부수.

- 亻(人) 사람인변 : 休(쉴 휴), 信(믿을 신), 仙(신선 선)
- 氵(水) 물수변 : 江(강 강), 海(바다 해), 洋(큰 바다 양)

02 방(傍)   글자의 오른쪽에 놓이는 부수.

- 攵(攴) 칠복방 : 敎(가르칠 교), 放(놓을 방)
- 刂(刀) 칼도방 : 利(날카로울 리), 別(나눌 별)

03 머리   글자의 위에 놓이는 부수.

- 竹(竹)대죽머리 : 筆(붓 필), 簡(대쪽 간), 答(대답 답)
- 艹(艸)풀초머리 : 草(풀 초), 花(꽃 화), 英(꽃부리 영)

04 발   글자의 아래에 놓이는 부수.

- 皿 그릇 명 : 益(더할 익), 監(볼 감), 盛(성할 성)
- 儿 어진사람인발 : 先(먼저 선), 兄(형 형), 光(빛 광)

05 엄   글자의 위와 왼쪽을 둘러싸는 부수.

- 广 집 엄 : 度(법도 도), 序(차례 서), 廣(넓을 광)
- 尸 주검시엄 : 尾(꼬리 미), 屋(집 옥), 尺(자 척)

06 받침   글자의 왼쪽과 아래를 둘러싸는 부수.

- 辶(辵)갈 착 : 道(길 도), 過(지날 과)
- 走 달릴 주 : 起(일어날 기), 超(넘을 초), 越(넘을 월)

07 몸   글자의 바깥 둘레를 감싸고 있는 부수.

- 囗 에운담 위 : 國(나라 국), 圖(그림 도), 園(동산 원)

- 門 문 문 : 間(사이 간), 開(열 개), 關(관계할 관)

| 몸 | • ㄷ 감출 혜 : 區(나눌 구), 匹(짝 필) |

| 몸　몸 | • 行 다닐 행 : 術(재주 술), 街(거리 가) |

08 제부수　한 글자가 단독으로 쓰이는 부수를 '제부수'라고 함.

| 제부수 | • 車(수레 거/차), 身(몸 신), 魚(고기 어), 立(설 립) |

● 편방(偏旁)

한자를 구성하는 기본 단위의 글자를 말합니다. 예를 들어 '利(이로울 리)'는 '禾(벼 화)'와 'リ(刀 칼 도)'로 이루어졌고, '情(뜻 정)'은 '忄(心 마음 심)'과 '靑(푸를 청)'으로 구성되었습니다. 이때 '禾', 'リ', '忄', '靑' 하나하나를 편방이라고 합니다.

● 변형 부수

변형 부수란 부수가 다른 글자와 결합하여 편방(偏旁)으로 쓰일 때, 놓이는 위치에 따라 본래 부수 모양에서 달라진 부수를 말합니다. 변형부수는 그 모양이 달라져도 본래 부수와 똑같은 의미를 지닙니다.

● 변형부수의 예

心 = 忄 = 忝

사람의 심장 모양을 본떠서 만든 '心(마음 심)'은 '感(느낄 감)', '思(생각 사)', '情(뜻 정)', '性(성품 성)', '慕(그리워할 모)', '恭(공손할 공)' 등의 부수로 쓰이는데, 사람의 성품과 마음의 상태와 관련되어 활용됩니다. 이렇게 결합한자의 쓰이는 위치에 따라 '心', '忄', '忝'으로 모양은 변했지만, 상징하는 의미는 같습니다.